階級爭鬥

新青年丛书

黄乔生 张远航 主编

中央编译出版社
CCTP Central Compilation & Translation Press

图书在版编目（CIP）数据

阶级争斗 / 黄乔生，张远航主编．-- 北京：中央编译出版社，2025.3
（新青年丛书）
ISBN 978-7-5117-4424-1

Ⅰ．①阶… Ⅱ．①黄… ②张… Ⅲ．①阶级斗争 Ⅳ．① D01

中国国家版本馆 CIP 数据核字 (2023) 第 086435 号

阶级争斗

责任编辑　张　科
责任印制　李　颖
出版发行　中央编译出版社
地　　址　北京市海淀区北四环西路 69 号（100080）
网　　址　www.cctpcm.com
电　　话　（010）55627391（总编室）　（010）55627312（编辑室）
　　　　　（010）55627320（发行部）　（010）55627377（新技术部）
经　　销　全国新华书店
印　　刷　北京盛通印刷股份有限公司
开　　本　797 毫米 ×1094 毫米 1/16
字　　数　95 千字
印　　张　12.75
版　　次　2025 年 3 月第 1 版
印　　次　2025 年 3 月第 1 次印刷
定　　价　1280.00 元（全 8 册）

新浪微博：@ 中央编译出版社　　微　　信：中央编译出版社（ID：cctphome）
淘宝店铺：中央编译出版社直销店（http://shop108367160.taobao.com）（010）55627331

新青年叢書第八種

階級爭鬥

德國柯祖基著
惲代英譯

目錄

階級爭鬥

德國柯祖基著　惲代英譯

第一章　小生產制的經過

一　小生產制與私產

一八九一年德國社會民主黨在厄佛得 Erfurt 大會所決定採取的黨綱宣言，可分為兩部分。第一，縷述社會主義所根據的根本原理；第二，解釋社會民主黨對於現社會的要求。前者告訴社會主義家信的甚麼；後者告訴他們怎樣計畫，使他們的信仰實現。

我們現在只談第一部分。這裏又可分為三部分：(一)現社會及其發達的剖解；(二)社會民主黨的目的；(三)用以求此目的達於實現的方法。

這個宣言的第一節說：小生產制根基立於工人享有生產工具的上面。此等生產形式，在資本社會經濟發達之時，必然不能繼續存在。工人於是與工具分開，而成為無產的勞動階級。生產工具日益成爲資本家與地主中少數人之所專有。

生產工具既爲專有，小生產制隨着逐漸破壞。手工工具進爲機械，工作的生產力陡然增進。但這種改革所得的利益，亦只是資本家與地主所專有。至於勞動家以及正消滅的中等階級，——小商人與農夫——他們所得的只是生活不安程度的加增，只是悲慘，壓迫，屈服，墮落，受人家剝奪之苦。

勞動階級人數越是如此無已的加增，失業工人的數目越大，剝奪者與被剝奪者彼此反抗的情形越顯明。勞動階級與資本階級間的階級戰爭，是一切實業國家普遍的現象。現代社會於是分爲對壘的兩方面。這兩方面中間發生的激戰，每加增社會的痛苦。

有產者與無產者的嫌隙，因有實業界的危機而越加重大。這都由於資本制度使然。資本制度越發達，自然兩方面嫌隙越加增。這使社會的常態，陷於普遍的不安定，而證明我們的生產力已在我們所能轄制範圍之外，生產工具的私有制已因工具的大用處與完全發達而不能保存了。

好多人想着他很聰明，因爲他信「天底下沒有甚麼新東西」。但是不知他這話再錯沒有了。近世科學指出天下沒有東西是靜止的。社會裏面與自然界一樣，我們可以看見他繼續的發展。

社會主義的原理，便根據於這社會發展的性質。若不能懂社會發展的性質，沒有人能懂社會主義。

我們知道原人只知靠着自然恰巧所貢獻的以爲生活，正同禽獸一樣。時候過久了，他纔知道發明工具。於是他變爲漁人，獵人，牧人。後更進爲農人，工人。社會的發達，仍這樣加速度前進一直到今天。我們眼見種種文化的階級，從而前過去了。然而還是有許多人嚴肅的宣言說，「天底下沒有甚麼新東西」。

人的生活方法，靠着他生產的工具——靠着他的用具與原料。人總不能獨立的生產，常有大些或小些的社會然後能從事生產。這種社會的各種形式，依生產的態度而不同。

故社會的發達，與生產態度的發達相應。

社會的形式及社會分子的關係，均與社會中財產的形式密切關聯。生產發達，同時財產亦發達。在工人能用自有的比較簡單的工具以從事工作時，工人亦能自有他勞力所出產，這是不待說的事。但生產工具既改變了，這個財產權的觀念亦便過去了。

我們將進而研究所以發生這些改變發達的程敍：

二　商品與資本

資本社會在農業與手工業的社會中，已經見其端倪。

最初農人的家庭，能滿足一切他自已的需要。他生產一切食品衣服與用具，以供給他的家人，亦能自已建築居室。他生產恰使足供他的需要，不肯使有餘剩。及耕種之法進步，於是有生產過於滿足他家庭直接需要之事，這使每個家庭有力量去買他自已所能製造的軍器工具，乃至奢侈品。由於這種交換，出產品乃成爲商品。

商品是說一種爲交換用的物品。農人生產的麥子，若是爲自已用的，不能說是商品；

生產得去賣的，纔是商品。 售賣的意思，恰恰便是說把商品給別人換一種大家願意的東西，比方說金錢。

獨立工作的工人，是商品最先的生產者。 他不僅賣他剩餘的出產品，他所有的出產，都是以售賣爲主要目的。

商品的交換，包含兩種情形：一社會工作的分業、二交換物的私有。 分業越發達，而私有制越普遍越重要，那便爲交換用的生產越普遍。 這於是又引出一種新職務，買賣成了一種商業。 靠商業爲生的，須買賤賣貴。 而商品的市價，最後乃依交換的價值而定。商品的眞價值，原是依生產時所大概需要的工作量而定；然而市價每不能恰與他的價值相合。 他每由市場的情形而定，非由生產的情形而定。——他乃依供給與需要的關係而定。

農人或工人買東西爲他自已消耗，商人買東西却爲賣與人家。 買這種賣與人家的東西用的錢，名爲資本。 人不能說任何商品或某量的錢，他本質便是資本。 資本乃由於他所使用的方法而決定。 商人買得爲賣的煙草是資本，但他買得自已吸用的便不是資本。

資本最初的形式，是商人的資本。　利貸的資本，以利息爲利潤的，亦是與商人資本起源同一古遠。　這幾種資本既然發達了，私產變成了與起初全然不同的一個東西。　忠於現在組織的人，總想使人不注意財產的這一方面；他常說最初的社會怎樣需要這種財產制度。他想掩蔽我們，使我們不察見家庭財產所有權與工廠財產所有權的分別。

在這所討論經濟發達的時期，工人的收入，大概總是靠他的勞動與熟練而定。　但收入總不能過於一定的限制。　商人的收入，卻只決定於資本的數量。　工作的可能是有限的，資本的可能是無限的。

所以我們在這裏自然引起了社會的發展。　開始的時候，社會每個人有若干的工具，那個時候，每個人幾於彼此平等。　後來因工作收入的有限制，與資本收入的沒有這種限制，遂發生不平等的情形。　自然這其中亦還有別的原因。

生產工具的私有，每個人可以獲得這種工具，亦可以失落這種工具。　所以工人有時亦許降至赤貧。　利貸資本的存在，便可知其時已有缺乏的事。　人者都有他所需要的東西，將無從有借貸的事。因爲有所缺乏，而資本用以借貸的乃多。

這裏我們開始看見現代社會的雛形：有些人不生產而能賺錢，有些人從事生產而仍然窮困。自然這種制度的罪惡，到那時還未十分顯現。資本家還依靠着農人工人的順利，他不能完全以剝奪他們爲利益。農人工人亦不至全部陷於貧困。所以那時的人，只說貧困是命運不佳；不然，便是不靈巧不謹愼使然。

這種論調到現在少數資本階級與現制度的代表人，新聞記者，演說家，還有許多人盡力要民衆相信他。工具私有，曾經有時爲社會幸福所必要的條件，那時常人都可以有私產。這種情事，他們要我們相信是現在仍然繼續存在。但是實際這私產的性質已經變了。古時情形，已完全成爲過去的事了。我們試看他是如何成爲這樣。

三　資本家的生產方法

中古的時候手工業日益發達，工作的分業大進步。——例如紡織分爲毛織，麻織等，——工作熟練與工具改良，亦大進步。同時特別亦因水道運輸的大改良，商業極爲發展。

四百年前手工業發達到極頂了。商業史上那時候極爲熱鬧。到印度的水道被人運用了，美洲被人發現了。這兩個地方，不斷的供給金子銀子於歐洲。歐洲探險的人，用交換或欺騙或掠奪所得來的金錢，如洪水一樣，把歐洲掩蓋了。這種財富的大部分，都落在商人手裏。因爲只有他造得起船，僱得起勇敢不要命的水手，別人都做不到。

同時近代國家亦型成了，成爲政治集中軍政集中的國家。開始多爲君主專制政體。這種國家，便是爲應這方興的資本階級而生的，亦依靠資本家的供給乃能存在。近代商品出產發達的國家，他的勢力並非由於個人事業而生，乃由於財政的收入而生。所以做君主的，他有各種理由須保護能爲國家生財的資本家。資本家借錢與君主，逐漸君主成爲他們的債主，而降爲他們的附屬者。這樣，他們越能使一國的政權武力供他們使用。國家爲資本家的利益，不得不改良運輸方法，佔取殖民地發生戰爭。

我們經濟學的課本告訴我們說，資本的起頭是由於節儉。但是我研究所得的恰恰是絕不同的一個。殖民政策實是資本主義民族之財富的重要泉源。就是說財富是從刧掠外國領土來的，是從做海盜，私運商品，販奴，以及戰爭而來的。　甚至一直到十九世紀的歷史；尚有許許多多這種樣的『節儉』榜樣給我們看。　而且在他們自已國內，『節儉』的商人已建立了這種樣『儲蓄』法的强有力的聯盟。

但是新發現的地方，與新開闢的商用道路，不僅可以帶財富於商人，而且亦爲航海的國民特別是爲英國開闢了新市場。　手工業不能滿足這種市場突然加增的需要。　需要的量既大，生產的進步亦必須與之相應。　那便是說，市場需要能與他需要相應的生產。　換句話說，生產的方式，此時絕對的操於商人之手。

商人就他的利益說，自然甯願能滿足新市場的需要。　而他們又有金錢去買必要的工具，原料，用具，工廠與勞力。　但是勞力是從那裏來的呢？一個人他有他自己的工具，能自已生產的，他必不把他自已賣與別人。　商人的好運氣，是鄉村的工人從田地裏趕出來了。這時地主需要這種新幸運的一部分，所以他們擴張他們的生產率，需要大量的生產；這樣農夫遂被趕到新建築的工廠門前了。

所以資本家的實業根本，便立在剝奪的方法之上。那種革命的方法正與歷史上所有的革命一樣殘酷。

大多數工人與生產工具分離，而變爲無產的勞動者，這是資本家生產的必要條件。經濟的發達，使這種變遷成爲不可避免的事。但這新起的階級，坐着看這等事實的進行，他都還以爲未足，他們還要努力去加增這種變遷的速度。所以便是從這樣極獸性的努力，使這種無人性的資本社會被促成功。

四　小生產制最後的決戰

新生產制度從表面看來似乎與舊制度亦只小小的不同。資本家發原料於他僱的工人，從工人收集他的成貨。後來他們察出這樣不如把工人聚集於一個大房子內——工廠——作工較有利益。

工人既聚在一個工廠內營生產的事，那便工作的分業可以加增利益的事又發現了。漸漸而生產制度發達到每人只能各司一種活動，各營一種工作。這樣，工人乃降到機械一般的地位。　只有一步路可走，便是索性把機械代人，　而這一步不久便走到了。　因科學的發達，特別更因汽力可以應用到實業界的活動，機械果然代了人工，這是一個工業革命。因為這個改變，經濟的發達，遂成為資本家常勝軍的前進了。

一七七〇年至一七八九年之間，第一個汽機用到英國織物的工廠中。　這個汽機便是這時候發明的。　從這以後，汽機克服了一個工廠又一個工廠，克服了一國又一國。　他工作的能力，可以代替幾百工人的工作。

在此等情形的下面，手工業和獨立生產的壽命是計日可數的了。　還剩有些手工業與獨立生產，那只是些找不到工廠裏位置的不幸人而已

第二章　勞動階級

一　從學徒到勞動者

我們已經看見資本家生產制，包含把工人與生產工具分離的意義。　一方資本家有機械，一方勞動者做工作。

起初還用很有力的法子，使對於此種組織必要的勞動者得一切供給的安全。至於今天，連這些法子都不必要了。這種組織的經濟能力，在嚴格遵守私有法則之下，已足夠完成他希望所得的結果。實則正因這種法則的功用，每年有無量的農人或獨立的工人，不能不在餓死與投工廠作工兩件事中去選擇他的前途。

勞動者的人數日益增加，這是極顯明沒有人能不承認的事。便那些要我們相信今天的社會站在幾百年以前一樣根基上的人，他還要把現在的工人比作小生產者，但他亦不能不承認這件事。實在社會組織的改變，正同生產制的改變一樣。資本式的生產，克服了一切別的在實業界變爲最重要的一件東西。給工錢的工作，亦成了工作中主要方式。一百年前農人佔第一個位置，其後小城市的工人起而代之，現在輪着賺工錢的工人了。

一切文明國中，勞動家今天是最大的階級。他們的境況及思想方式，常可制馭那些工作於別的分業中底人們的境況與思想方式。人羣境況與思想方式之全期的革命，也不能外乎此了。現代勞動階級的境况和古代一切工人的境况絕然不同。小農人工人以及其他生產者，因爲他們的工具是私有，所以他們勞動的出產品亦是私有。　但勞動者勞動的生產品，却不能爲他私有，須雙手捧與資本家。　因爲他是有生產必要工具的人。　固然勞動者得過資本家的工錢；但是工錢的價值，遠在他生產品價值之下。

資本家在工廠中，只知道勞工是買的勞動者所能賣的商品。　所以他買的原故，便只因爲利用他可以獲取利潤。　那便工人越生產得多，他的出產價值越大。　若是資本家只能使工人作工，長久到能產生像他所給工錢那大量的價值，他將無從於中取利。　但是他的資本要利息、他自己亦實在願意這樣。　工人爲資本家作工時間越長久，越超過他工錢所值必要的價值，他的生產品價值越大，資本家所得超過工錢的餘值越多，便對於他手下的工人剝奪程度越利害。　這種的剝奪，僅僅以工人的忍耐力，及他們所能有對於剝奪者的抵抗力爲限制。

在資本家生產制之下，資本家與賺工錢的工人，不是做工的夥伴，不能像從前工業時代僱主與被僱者一樣。　資本家很快的發達成爲商人，而且亦永存留爲商人。　他若有些活動，他的活動如商人一樣，只限於市場的方面。他的工作，便是買原料，工力，及其他必要的東西，盡量求他價的低廉；而賣製成的出品，盡量求他價的昂貴。在生產的工廠中，他沒有別的事，只是用極少量的工錢，求得工人極大量的勞力。這樣，便從他們中壓出極大量的餘值。他對於被僱者，不是一個夥伴，只是一個鞭笞的人，剝奪的人。工人作工愈久，他愈得利益。工作時間雖非法的延長，他不致感困倦。生產的方法，雖於作工人有甚麼毒害，他亦不致受他的禍殃。資本家比以前的僱工主人不注意他工人生命及安全多了。工作時間的延長，放假日的取銷，夜工的舉行，充滿毒氣溼熱的工廠，這都是資本家生產方法，所稱為工人階級的利益改良進步之事。

機械的運用，更加增了工人生命肢體的危險。機械的制度，把工人束縛在一個用妖怪樣的大力，瘋狂樣的快，永遠這樣運動的怪物前面。只有精密一刻不移的注意，纔能保護他不為這個怪物捉住撕碎。保護的方法需要金錢，資本家非迫於不得已時不肯設備他。凡事須求經濟，是資本家最深的品性。所以他常要盡量節省房屋。在一個工廠中，拚命的塞許多機器進去。　他那裏管這樣更加增了工人肢體的危險？　工人是廉價的；大而通氣的工廠是太貴了。

資本家用了機器，可以降低工人階級的生活狀況。　還有別一方面的事：古代工作的用具是廉價的，而且沒有幾多情形使他變爲無用；但機器則不然。　第一，他値錢太多。　第二，工作制度的改良，可以使他變爲無用。　又如不能盡其能力的使用他，資本家不但無利可圖，且受損失。　而且機器的爲物，越用越好，越不用越易銹壞。　而科學應用到生產上面，又常有新的發現與發明，取舊的地位而代之。　因爲這種改良機器的出現，實在太快。所以一下的時間，工廠裏的機器還未用到圓滿程度的時候，一時這個，一時那個，都變得無用了。　所以每個機器在未用夠的時候，都有變爲無用的危險。　那便資本家有極大的理由，於他放機器在工廠以後，用他要盡量的快。　換句話說，資本家的利用機器制度，這是使資本家延長工作時間，一下不休息的從事生產，成立日夜交換工作之制，並使全夜工作成爲定制的一個主因。

機器制度初應用時，有些理想家說，黃金時代近了；機器把工人解放進於自由了。然而在資本家的手裏，機器乃變爲不可忍耐的工作的負擔。論到工錢方面，給資的工人，亦遠不如中古的工徒。今天的工人勞動者，吃飯不在資本家的桌子上，睡眠亦不在資本家居室內。無論工人的房子怎樣可憐，他的食物怎樣壞，甚至於連壞的食物亦沒有；但這些顛連困苦的情形，都不得擾害了資本家的幸福。工錢與餓死，原是兩不包含的字。自由的工人，從前只有因沒有工做至於餓死。做工的賺錢，便不愁沒有飯吃。但是在資本制度之下，他把這兩件相反的事，——工錢與餓死——拉在一塊兒把「餓死的賺工錢」成爲一件當然的事，甚至於還成爲現在社會組織的立足點。

二　工錢

工錢總不能高到使資本家進行他的事業而無所利益。因爲果然工錢高到這樣，資本家將甯以捨棄他的職業爲利。既然如此，工錢亦便不容高到與工人出產品的價値相等，必須較低於出產品的價値，然後可以有餘値。資本家所以肯購買工人的勞力，正以他有餘利的原故。 所以資本制度之下，工人的工錢，斷不能完全免却資本家的剝奪，這是顯而易見的事。

資本家所得的餘值，每比尋常所想像的大得多。 他所包括的，不僅是製造家的紅利而已，幷有許多別的小支，那是常常記在生產費和交換費的賬上的：例如房屋的租金，借款的子息，雇員的薪俸，商人應得的利益，國稅等等，這些，都是從餘值——便是出產品價值超過工人工錢的過剩利益——中抽出。 這可以顯然看見餘值必然是非常大的數目。 亦可以看見工人的工錢，雖然想高到與他的利息價值平等，亦是不可能的事。 資本制度在一切情形之下，總是要剝奪這般賺工錢的工人。 若要撲滅這種剝奪的事，非先撲滅這種制度不可。 不然，工錢雖然很高的地方，這種剝奪的程度，必仍然很大呢，

雖然情形可以讓工錢增高，但工錢很不易增高到最高點，而且他每反極近於最低點，一直低到工錢甚至於不能供給一般工人的直接需要。 但工人若眞個餓死，眞個餓死得太快了，一切工作又沒有人做。

工錢多少，常在兩極端之間搖曳。　工人生活的必要越少，市場上勞工的供給越多，工人的抵抗力越微，那便工錢越低落。

就大概說，工錢總須高到能維持工人可以作工。　或者更說精密些，工錢總須高到能使資本家安全的得着他所需要的工作能力。　換句話說，工錢不但須高到能維持工人作工，且須維持他能生育兒女，將來代他工作。

現在實業發達，已顯然現出一種資本家歡迎的傾向，便是工人生活的必要費用越少，他的工錢可以酌量減輕。

從前工人需要熟練與强壯，做學徒的時間須長久，訓練的費用很多。　但現在工作的分業進步，機器應用了起來，使熟練與强壯，成爲生產上不必要的事。　這樣，所以使不熟練而廉價的工人，可以代替熟練的工人。　結果並可以使婦女兒童代替少壯男子。　在古代的工作，已略見這種傾向。　但是一直到機器應用以後我們纔看見剝奪到婦人兒童，剝奪到無助人中間最無助的人的事。

從前賺工錢的工人，不僅要顧他自已的費用，還要顧他家庭的費用。這樣，纔能夠傳種，把工作能力傳於他人。不然，資本家的子孫將找不着爲他們剝奪用的勞動者。

但是工人的妻子兒童，既然自已亦能作工，亦能賺錢，那便工作的壯男，可以平平安安的減縮他個人需要的程度，資本家不致於沒有勞工的新供給。

婦女兒童既然比男子少些抵抗的力量，所以他的勞力，於資本家更有益處。把他們引進勞動界，那便市場中出賣的勞工的量越是加大了。

因此婦女兒童的勞工，不僅減縮了工人生活必要的程度，而且減小了他的抵抗力。因爲勞工的供給，既然過於需要，市場所堆積的勞工很多，可以任資本家自由選購。有這兩種原因，工錢乃越發低落了。

三　勞動者家庭的瓦解

婦女參加實業活動，意思便是工人家庭生活的全部毀滅，沒有甚麼家庭關係高尚些形式的東西來做代替。資本家的生產制，許多時候並不毀滅工人的家庭，但只除爲他們存留着那個不幸的家庭形式以外，所有別的家庭幸福，却都擺取起走了。今天婦女在職業界的活動，並非他從家務中的解放，只不過把新負擔加在舊負擔上面。一個人不能同時伺候兩個主人，所以工人的妻子既消着工人去掙每天的麵包，工人的家務便受害了，現在社會對於已崩壞的個人家庭，只能給與一個可憐的代替品，那便是飯館，育嬰堂。在那個地方，這些下流社會的人，拾得一點富人身心供養的剩餘，便靠這度日子。

人家每怪社會主義者要打破家庭；其實依我們所知道，每種生產制度之下，總有他特殊形式的家庭，有家庭關係的特殊制度去適應他。我們不信現在的家庭制度是最高的方式。我們盼望在新而進步的社會組織之下，發達出一種家庭關係新而更高尚的方式。但這個主張，是與使家庭關係全然瓦解的不同。使家庭關係瓦解的人，——不僅想這樣做，而且在我們面前實際已經做了的，——不是社會主義者，反是資本家。古時許多畜奴隸的，或隨意的孤人之子，寡人之妻。但資本家變本加厲，乃甚至於從爲母的懷中，奪嬰孩以勉强他付托於生人之手。盈千累萬的這種事，雖是每天發現；所謂上流社會的人，却設立了許多所謂慈善機關，使母子等更易於分離。然而這種社會，因社會主義者只信家庭是一種生產制度的反映，他們看得生產制更遠的變遷，必然發生更完善的家庭關係。然而一些人偏只怪他們要打破家庭。

四 賣淫

世人既怪社會主義者要打破家庭關係，還說社會主義者要公妻。其實兩個罪案，都是一樣不能成立。社會主義者原只主張純潔的戀愛，正與公妻乃至一切性慾的壓迫與放縱相反。社會主義的世界，只以戀愛爲結婚根基。這種純潔的戀愛，亦只有在那種社會裏做得到。至於現在社會試看到底如何呢？

無助的婦女，被勉强去到工廠商店礦山裏去謀生活。因之墮入資本家貪慾陷阱中。資本家不但利用他們的無經驗，給他們少得不夠自己開銷的工錢；而且對他們暗示，或者甚至明說，只有賣淫是補充收入的個法子。無論甚麼地方，工廠中女工增加，必然賣淫的事亦增加。在近代國家，雖那些基督教傳布得極發達的地方，那些興盛的工廠中，女工仍然給工錢很少，令他們不肯賣淫，便只好生生餓死。　資本家宣布說，要工人競賽作工能力，要工廠發達，不能不用這低的工錢。　因為工錢太大了，他們會失敗。

賣淫的事，從世界有貧富以來便有了的。　然而從前賣淫，還只是界乎乞丐與盜賊之中的一種階級，是社會上的一種奢侈品，只備以供豪富子弟使用。　那便賣淫的事廢了，還不至危險到社會的存在。　今天却不然了。　不僅那些下流女子賣淫，女工為金錢的原故，亦不得不賣他的身子。　女工的賣淫，更不僅只是社會的奢侈品了，成了生產事業進行的一個立脚地。　在資本制度之下，賣淫成了社會的台柱子。　忠於眼前社會制度的人，自已犯了這個罪，却偏要把這個罪名加於社會主義者。公妻是資本主義的一個特色。　這種公妻制度，於現今社會既然這樣重要；亦有些現社會代表人，公然宣布賣淫是必要的事。　他們不能懂勞動階級消滅，便賣淫制度消滅。　他們的智慧，既是這樣晦塞，他們亦想不出世界上會有不公妻的社會組織。

公妻是上流社會所發明，與勞動者無關。　公妻是剝奪勞動者的一個方法，這不是社會主義，恰恰是社會主義的反面。

五　勞工後備軍

我們已經懂得婦女兒童的入工廠，是資本家減輕工人工價的有力工具了。然而還有別的工具，亦一樣能幫助資本家這樣做。那便是從不開化的地方，人民慾望少，而工作能力還未被工廠制度吃吸乾淨的地方，輸入工人。因爲機器的發達，不但使未受訓練的工人一樣可以代替受了訓練的工人，而且亦可以對於未開化的地方，有一種廉價而便利的交通。生產的發達，與交通制度並行。大生產制度，必有待於大交通制度。不但對於商品運輸爲然，即作工的人方面亦有關係。汽船鐵路，這都是近代文明的基礎。他不僅把鎗礮，醇酒，花柳病，帶與野蠻人；亦把野蠻人及野蠻主義帶與我們。農夫的驅入都市，一天天的多了。從更遠的地方那些欲望少，忍耐力大，而抵抗力小的人，亦一天天聚集起來。歐洲各國國民彼此之遷徙，從歐洲遷徙至美洲，甚至於從東方遷徙至西土，這都是川流不息常見的事。這些外國工人，一半是被掠奪了的人民，受資本家生產制度所摧殘的小農人小生產者。這種人被資本家趕上街市裏來，不但失了家庭，而且失了鄉土。試看這些無數的移殖者，這果然是社會主義者奪了他的鄉土麽？

由於小生產者的失業，由於遠方大量勞工的輸入，由於婦女兒童的加入工廠，由於學習一種工作技藝可以速成——由於這一切的方便，資本家生產制，乃能自由的大加增他工作力的分量。機器工作既這樣不間斷的進行，人類工作的生產力亦一天天長進。

除了這種傾向，機器亦每逐漸減少工人的用處。每個機器減省工力。不然，機器便沒有價值。每個工廠之中，從手工變到機械工的時候，必然有許多工人受他的影響而感其痛苦。無論是工廠的工人，或獨立的工人。總易被機器的發明，使他們無用武之地，而丟在街上成爲游民。機器的影響，只有工人最先覺得，在十九世紀初年，有許多暴動，證明這由手工改變機械工，機器應用於工廠，是怎樣影響於工人階級，及他們怎樣被驅逐到無路可走。機器的應用，及他的繼續的改良，都是對於工作的某部分有害的事。固然有時那些做這種機器的人，可以靠他得些利益，但那些因此要去餓死的人，是不是能因這精神上略得安慰，怕是可疑的事。

每個新機器可以比以前少用些人，而有一樣多的生產。 或者不另加人，可以有大些的生產。 如此，可知若在一個地方工人數目不因機器制度的發達而減少，那便市場裏必與工人的工作力增加成比例，而供給增多。 經濟的發達，既加增了生產力，同時又加增了可以自由處置的勞力分量。 若要避免工人强制的游惰，——失業——市場的需要；必須與由機器增加的生產力同樣猛進。但資本制生產之下，這樣市場的大發展，是不常見的。 所以强制的游惰，遂成爲資本家生產制之下通常而且不可分離的現象。 運氣好的時候，市場陡然有個大發展，百業振興固然可把一切失業的人搜攏來作工還不夠用；然而運氣壞的時候，百業停滯，失業的人數目大增，他們同那些被掠奪的小生產者合起來，成了一大隊人，馬克斯稱他們爲「勞工後備軍」。 他們便是勞工的軍隊，常常立着等資本家的支配。 資本家若是與他的工人起了個熱烈的競爭，他便從這中間抽， 取他後備的人馬。

對於資本家，這種後備軍眞是無價之寶。 這是操於他手中鞭笞他的僱工的有力武器。

許多時候工作過量了。別的時候，或致不能工作。在這種時候，這些游惰的人，便成了一個補充的工具，使他繼續同樣猛烈的工作，甚至於更加增他工作猛烈的程度。然而偏有些知足的人，還說今天一切的事，都安放得極其妥當。

雖然這種勞工後備軍的人數，與商務興衰爲升降；但就大體說可以看見他是逐漸人數加多的。這其實是不能避免的事。機械的發達，既如此加增他的進步，而擴張他的應用範圍；而市場的需要，究竟被天然的限制，使他沒有幾大的發展。結果自然是一天天人浮於事了。

這種沒有工做的現象，於社會有甚麼關係呢？這不僅是失業者的顛連困苦，不僅是工人被掠奪被奴使的程度加增，亦復令全工人階級生活陷於不安定。奴隸的生活，至少在他主人生存的時候沒有危險。僅僅主人死了，這些附屬者略有危險。古時生產制之下，所有影響於人的災禍必非由於生產的自身，多由於田禾的失收，水旱兵凶等的足以擾亂生產。

但今日剝奪階級的生存，與被剝奪者階級沒有幾大關係。無論何時，工人與他的妻孥，可以丟在街上餓死。而他們所供應致富的被剝奪者，初不爲那有甚麼惡影響。强制游惰的災禍，到今天很少是外界擾亂生產的影響。他成了現在生產制發達的必然結果。恰恰與從前生產制所發生的事相反的，生產的受擾亂，每反加增作工的機會。試回憶一八七〇年戰後德法兩國實業界的情形，便可爲證。

在從前小生產制之下，工人的收入，與他的勤勞成正比例。游惰使他失敗，使他沒有工作。今天情形恰恰相反。工人作工愈長久，失業的機會越多，失業的苦越很。他因他自己的勞力，使自己成爲强制游惰者。在小生產制世界的格言，有句話到資本家的大生產時，到相反的方面去了。便是說「人的勤苦是他的幸運」。

作工能力，再不是工人的財產，亦不是防禦顛連困苦的籐牌。破產的恐慌，常罩着小工人與小農人。失業的恐慌，亦一樣常罩着一般賺工錢的勞動者。在現在生產制度之下，最大罪惡的，最傷人性靈，把人類保守性根連根拔掉的，便是這種永遠的生活的不安定。一個人境遇的永遠不安定，使一個人對於永遠秩序的存在保守的興味，都受他的影響。一個人對於現存秩序，既存個永遠的恐怖，那便不怕甚麼新變動的發生了。

過重的工作，缺乏工作，家庭的崩壞，這都是資本家生產制所加於勞動者的恩賜。而且同時亦強迫了更多更多的人，陷於勞動的生活。

六　勞動者的增加　商業與教育上的勞動者

由於大生產制的發展，資本制度不僅使更多的人陷於勞動者的生活，而且在大生產制下博取工錢者的生活狀況，一樣影響於別方面博取工錢者。在別種情況之下作工且生活的人，受了一大改變。他們原可以比工廠工人有利的地方，因這個原因、反變為不利益。試看僱工雖仍可膳宿於僱主家中，然這只是使他勉強他知足於比自已有家的工廠工人更苦的生活的法子。

資本家大生產制，還轉變一大部分人成為勞動者，這便是商界那一方面。因為在那方面，大商店自然壓倒了許多小商店，然小商店並不為這減少，反因許多破產的小生產者以這為他的末路，所以數目加增。但小商店太多了，從前的小販賣者，自然沒有站腳的地方了。他們便陷於比勞動家還低的下流，或者做乞丐，或者做流氓，或者做模範監獄的候補者。——這眞是希奇的社會改革。

大生產制影響於商業，不是在小商店減少的方面，乃是在商人品格的墮落方面，顯然看得出來。小商人賣的東西，一天天壞而無價值。他的生活，一天天危險而近於勞動者。而大商店却一天天加增他傭工的數目，——傭工便是再沒有成爲獨立的希望的勞動者。——兒童作工婦女作工，與賣淫，過量工作，缺乏工作，餓死的工錢制，一切大生產制的病象，在商界上一天天顯現更多的分量。這部分的傭工生活，一天天向工廠勞動者方面走。所不同的，只是商人的犧牲，非工人所知道。而商人外面仍然似乎有個好些的生活。

還有第三種勞動者，亦一天天完全發達了。這便是教育界的勞動者。教育在現在制度之下，成了一種特別商品。知識的程度日益增加，資本家的社會與國家日益須要有智識有能力去指導他業務的人，纔能利用自然力，供他們謀利益。但勞苦的農人工業界乃至各方面的勞動者，固然沒時候求甚麼學問技藝；商人，工人，銀行家，股票商，地主，亦復如此。他們除了營業同求娛樂以外，再沒有時候了。所以在現今社會，同往時一樣，並非剝奪者，亦至少非剝奪者階級的人，自已有甚麼學問技藝。現今的剝奪者，——我們的治者階級——他只把這些事委托他所僱傭的一班人。所以在這種制度之下，教育亦成了商品了。

一百餘年以前，以教育爲商品，還是罕見的事。學校很少學生，用費亦很昂貴。小生產既能供給自己，工人亦無外心。非他們的兒子天生聰穎，或他們境況寬裕，總不肯使他求學去。所以那個時候，雖然需要很多的教師美術家及其他職業界的人，究竟能得以供用的人很少，

情形既然如此，教育自然很值錢。受過教育的人，至少受過那些實利主義教育的人，可以得狠好的生活，且常得着榮耀與名譽。在專制國中，哲學家美術家詩人，是帝王的朋友。智識界的貴族，比財產閥閱的貴族，自已覺得更尊貴些。他們只注意求智識的進步。因此智識界的人，常是理想家。這一種智識界的貴族，常立在一切階級，及他們物質

的激勵與嫌怨之上。教育便是權力，便是幸福，便是價值。那便要使一切人類有幸福而有價值，消滅一切階級嫌怨，一切貧乏，一切凶惡，一切卑賤於世界之上，最良莫過於求教育文化的普及。

從那些時候以來，高等教育的發展，已經有很大的進步了。學術機關的數目，陡然加多。學生的數目，更大增加了。同時小生產者的根基搖動。今天的小產業家，知道要救他兒子不墮於勞動者生活，除了送他進學校沒有法子。所以他只要有能力供給，必然送他子弟入學校。更進一步，他不僅僅為他兒子計及未來，亦一方為他女兒計畫。工作的分業，很快的侵犯到家庭生活上來，家庭的責任，一件件變成特別的工藝。家庭的工作，一件件減少了。紡織，縫綴，打紐扣，製餅餌，以及別的事務，從前都歸入家庭的責任範圍中的，現在全部或一部都由家庭讓了出來。因此，那便從前要妻子管理家務的結婚，漸變成了一件奢侈不必要的事了。又恰遇着小產業家生產者越變越窮，越不容他有餘力做甚麼奢侈的事，所以不結婚的婦女數目多了。母女必須都去做工賺錢的家庭更多了。因此賺工錢的婦女，不僅在大工業，小工業，大商業，小商業方面，人數很多，便官署，電報局，電話局，鐵路，銀行，科學，美術各方面，人數亦一天天增加。這種趨勢無論你個人的興味與見解是怎樣的反對他，但女工的侵入各種職業界成爲無可抗禦的事。這不是由於婦女的幻想野心或謬見，所以這樣做。實在是經濟發展的力量，驅逐他們到這些地方同人類活動別的地方去做工。男子雖能在技術界有組織的智識工作某部分中防止婦女的競爭，女工仍然會找那些沒有甚麼組織的職業，如著作界，繪畫界，音樂界，羣集的乘虛而入。

這種全部發達的結果，使受教育人數的大增進。但理想家所盼望因這種教育進步可以得的利益，却不見了。教育既是商品，他的擴張，若與商品的需要量相等，價值便會低落。受教育的人生活狀况便會退步了。受教育的人，又復增加，過了資本家乃至資本家的國家所需要。今天教育勞工的市場，存貨多了，與別種勞工的市場的一樣。所以不僅工人有失業的後備軍，有缺乏工作之苦；教育界的勞工，亦有游惰的後備軍，缺乏工作亦成了他們永遠的問題。謀事的人，找着百業都沒有空額了。他們找着教育界，一方過量工作，一方缺乏工作，正如工人情形一樣。而且亦是一樣爲工錢奴隸制度的犧牲。

教育界的工人，生活狀況墮落，是顯而易見的事。從前人家稱他智識界的貴族，現在我們却說他是智識界或教育界的勞工了。

這一大羣的勞工，僅僅只自己虛幻的以爲與別的勞工不同，這時候越近了。他們許多人還想他們究竟比勞動者好些。他們假想他們要歸入資本家階級中。因爲他底下的人，看他似乎像主人一樣。其實他已不復是資本階級的領袖，乃成了他們的護兵。謀地位一天天費力了。他們的第一個目的，再不是求知識的進步，乃是怎樣出賣這個知識。人格的賤賣，成了他們進行的重要工具。他們如小生產者一樣，被照眼的金錢所眩耀。他們的眼光只注意機輪無數的空隙，把靈魂同身體一齊賣了，去換那幾個金錢。在我們許多教育界勞工的眼中，拍賣個人的信心，爲金錢主義與人結婚，這是兩個造運命自然而且必要的方法。

然而這種貨物的供給，仍然這樣增加分量。乃至便拍賣人格，人家亦沒有人接受。

於是受教育的人，大多數墮入勞動者的生活，遂成爲不可制止的趨勢。

這一種的發展，是否會令教育界的運動，與勞動界聯合一氣的作戰，這還是不定的事。但受教育的人，既被壓迫淪於勞動階級，那便以前被勞動者開的門，可以使他們不靠外力爬得上高貴些階級的，現在是已經閉塞了。這是無可疑惑的事。

因爲這些經過，賺工錢的工人，可以變成資本家，已經是沒有的事了。有知識的人談到工人的情形，總不想得他能得一個意外的獎金，或甚麽不通音問的親戚傳襲遺產，因以致富。固然有時境況順利，工人因他的節衣縮食的儲蓄，可以自已組織個小工廠小商店。或者送他兒子入學校。這樣，使他得個似乎比父親好些的生活。但若因此便說工人有能力自已求境況的進步，究竟是可笑的事。就往日說，平常工人能在工業停滯的時候不至失業，沒有錢用，便要謝謝運命。至於今天，還說工人有自已改良生活的盼望，更可笑了。

經濟的發達，不但使工人難有儲蓄，而且便令他有一點儲蓄，亦不能使他藉此可以超拔他與他的子孫出於勞動者的境況中。他若把他所儲蓄去做小的獨立的工業，只當是把燭裏東西丟到火爐去。　他能救得十分之一像從前境遇，便是好的。　他的痛苦的經驗，令他知道小生產者已是沒有生路。　這種經驗，便是他損失了的辛苦儲蓄的金錢所買得惟一的教訓。

到了今天，勞動者無論他想走那一條路，結果總只看見各方面是一樣的勞動者的生活境況。　這種境況，一天天把社會佔滿了。　一國之中，國民大多數都降入勞動階級。　勞動者個人，再沒有希望靠他自己的力量能拔救他出於現社會，所設的這種陷人阬阱。　他若想救自己，除了救他全部階級，沒有第二個法子。

第三章　資本階級

一　商業與信用

在資本家生產制的國家中，人民多數被勉強陷入勞動階級。　工人與他的生產工具離異，因以不能用自己力量獨立從事生產，乃不得不以彼所有的勞力賣作商品。　農人小商人，小生產者，都屬於這一種階級。　他們今天所還保持的小財產，僅僅不過是個假面具，並非能防止他陷於倚賴被剝奪的地位。　不過已陷到這種地位，卻自己靠這掩飾罷了。

在這種階級之上，我們找着少數有產的人，——資本家與地主，——只他們有重要的生產工具，與生活重要的財源。　這一種特享的權利，使他們有能力奴使剝奪無產階級。人民多數越比從前窮困顛連了。　少數資本家與地主，與他們的寄生蟲，特別由於自然科學與他的實用的進步，得着很大的違反自然的進步。

有三種資本；商人的資本，利貸的資本，工廠的資本。　工廠的資本最後發達。　前兩種資本起原幾千年，而工廠的資本只起原幾百年。　但這後起的兄弟，却比以前兩種發達得特別的快。　他已經成了個大魔物。　前兩種資本，都被壓迫變成他的奴隸了。

古時小生產不倚恃商業。　農人工人能直接從工具生產者得他所需要的生產工具，亦能直接賣他的生產品於消費者。　在這種經濟發達的階段中，商人只為奢侈不必要的一種職業。　他既不能特別促進生產，亦無益於供應社會。

然而資本家生產制自始便須倚恃商業而從某種階級以後，商業亦須待資本家的生產，以求更進的發達。　資本家生產制越發達，他自身越重要。　那便商業的發達，與工業生活的相待爲用越利害。今天商業更不能說是奢侈不必要的東西了。資本國家生產制的全部，甚至於人民的生活，都靠着自由無限制的商業。所以戰爭成爲更有害的事。他阻礙商務，而生產品停滯。他影響金融，使戰場以外的工業與戰場以內地方一樣受害。

資本家生產制下利貸的發達，與商業的發達一樣。小生產的日子，借錢的人多是因別人災害以爲利益的寄生蟲。借與人家的錢，亦常不能作生產之用。貴族借錢多爲奢華，小工人農人借錢多爲完租稅或充訟費。故彼時利貸的事，常被認爲不道德而各處均有法律懲治；

但這一切的事，在資本家生產制之下，便都改變了。金錢是建立資本工廠，買辦剝奪勞工的工具。今天資本家爲建立新工廠，或擴充原有工廠，他必須舉債；但若他業務是興盛的；他以前的入款，決不因舉債付息而減少。他的債金，反爲他去剝奪勞工，使他入款加增，比他所要應付利息數目之更多。所以資本家生產制之下，利貸已改變了性質。以前是盤剝不幸的人的工具；今天却成了助成資本家生產制，使那些僅僅只靠儲蓄於資本家地窖中的資本以求發達的人，更發達得迅速。　從前的怕負債者已經過去了。　負債者亦居然得了乾淨的品性，好聽的名子，稱爲甚麼債務者。（Creditor 原意言以信托的人）

因於這種變遷，利貸資本的主要方式亦經了一種改變。　從前的利貸，是有錢的人把他窖藏的錢借了出來，從無數方面借到非資本家手裏。　現在卻正與這相反。　借錢者的窖，借貸的機關，成爲從無數方面把非資本家的金錢收集起來，而轉移到資本家手裏的一個地方。　現在的借貸，與從前一樣，是使有產的或無產的非資本家要担負利息。　但今天他更成了變各種財產，從各種非資本家手裏　大到富人貴人的遺襲財產，小到工人婢女儲蓄的幾個錢，都成爲一種資本家的有力武器。　換句話說，這成了一種武器，他毀滅了舊財產階級，加增了賺工錢工人的痛苦程度。　有些人恭維現在的借貸儲蓄機關，以爲他可以化工人侍婢農夫的小儲蓄，成爲資本，因使他們這些不幸的人成爲資本家。　但是這些非資本家的錢收集之後　惟一目的只是把資本家處置得去加增資本數共，促進資本家生產制的發達能了。至於他於工人小農夫機匠有甚麼用，我們已經看夠了。

現在的借貸機關，既改變了非資本家的全財產成爲資本，而放在資本家的支配之下；而且資本階級的資本，因此亦比較更有用了。 他們把每個資本家許多時候沒有用的錢，集了起來，使這些死錢可以供需用他們的資本家去使用。 更進一步，他並使商品在未賣以前成爲現錢。 這樣，所以在企業時可以需要少些數量的資本。

從上所說，在資本家支配之下的資本數量與能力，突然的增進了。 借貸現在乃成爲資本家生產制重要工具。 除了機器業的發達、失業工人後備軍的成立以外，借貸亦便是現在生產制大進步的重要原因。

在擾亂之時，借貸比商業更易受影響。 他每次所受的震撼，全經濟組織都感覺得。

許多政治經濟家，都以爲借貸是使無產業或有很少產業的人成爲資本家的法子。 但是借貸要重信用。 借出的人，必須先於借入的人有個信心。 那便借入的人越是有錢的，借款的本錢越安穩，利錢亦越可靠。 結果借貸只是使資本家因而得着比他所有更多的錢，去加增他的力量，使社會的嫌怨不但不能減少或消除，反因而更利害。

總而言之。借貸是唯一的去更快些發達資本家生產制的法子，而且使他能利用每個好機運。他亦是促進小資本的墮落的法子，而且使現在的實業更複雜更易墮於擾亂，使資本階級自身亦有不安之感，而且一步步進到更不安的田地。

二　分工與競爭

工業的發達，既一方使商業與借貸得了個未曾有的接近，他亦一方加增了工作的分業。資本家在業務中所不得盡的各種職務，漸次而盡分入各種事業各種機關之中。以前資本家不僅須照料買貨賣貨，而且須照料屯貨運貨，以及分配陳列，使他易售於顧客。但今日不僅有躉購零售的分業，即運貨屯貨亦各成一業。在大交易的市場中，買賣亦復成爲專業，與其他商人所有分功無與。因爲他不僅買賣遠地之貨，亦不僅買賣還未有出品的貨，他們並可買空賣空，不須實在貨物做交易。

從前資本家若沒有個大保險箱藏儲銀錢，以供隨時開支，總是不妥之事。現在資本家的金庫，在一切實業發達的國家，特別如英國美國，亦成爲專業了。銀行既已勃興，資本家並不自己開支銀錢；他的銀行代他照料一切開支。 今天還有些中央銀行，爲一國全資本階級掌庫藏的事。

但雖然資本家好多事務成了一些特殊事業，他除了表面及法律規定以外，並不能眞個離開別的事務獨立。 就經濟上說，各種事業越是彼此密切的相關了，若是一種事業發生擾亂，與他相關的各種事業便都不能繼續下去。

工業，商業，借貸業，越是彼此互相倚賴，資本階級的事務，越是分入各種不同的事業。 那便資本家中間彼此關係越重要。 因而資本家的生產，越變爲奇大的團體，他各部分彼此密切有關。 所以當多數人民更倚賴資本家的時候，資本家彼此亦更相互倚賴。

近世生產制的經濟組織，成爲一個更精細複雜的機械。 他的不斷的工作，全靠各個機輪彼此配合，而各盡他的應盡職分。 這種生產制度，實在需要空前的注意去指導左右他。但是私產制度之下，想有這種指導的計畫，是不可能的事。

事實上幾種實業既已變爲彼此相關，法律上仍說他們是彼此完全獨立。 每個實業場所的生產工具，仍說是私產，可以任物主任意處置。

大生產制越發達，每種實業越擴張，他內部經濟活動越有秩序，事業進行的計劃越精細妥當。雖細微末節，亦想得周密完備。但各種事業間相關的活動，却讓他順着自由競爭的盲動。自由競爭所給與實業進行的賜，只是消耗了大量的能力與物料，而常常加增經濟的危機。這種程序，不能使每個人安於他的地位，恰夠把每個橫阻在他路上的人軋壞了。這便名爲適者生存的天演競爭。其實這種競爭所軋壞的，何曾定是不適的人；不過他恰巧站錯了地位，沒有幾種特別資格。或者還重要些的，沒有去求生存的資本能了。然而競爭還不僅以軋壞那些不夠生存競爭的人爲足；每軋壞了那樣一個人，便連許多與破產公司的工人債主有經濟連帶關係的人，亦跟着他的脚跟一路失敗了。

「每個人是他自已運命的建築者」，這是一個很好的諺語。這個諺語，是小生產制時所傳留下來的。當那時候，每個掙錢人的運命，至多他的家庭的運命，都純只靠着他個人的品性。但是到了今天，每個資本團體的團員，他的運命逐漸靠不住他個人了，逐漸靠了、他權力以外無數的境況。所以競爭已不能適用適者生存的條例了。

三　利潤

資本家的收入，從那裏來的呢？商人與借貸者的收入，常取之於依靠他們的人財產的一部分，而所依靠的不定是一種階級的人。但工業的資本，却不是這樣。資本家生產制的發達，常與工業資本遮蓋一切，而强他們屈服於其下為比例。他們所以能這樣做，僅由掠奪從工人所得餘值的一部分。因為這樣發達的結果，勞動家所產生的餘值，漸成為全資本階級收入款項惟一的泉源。

小工人農人既漸消滅，他們在近代社會上的勢力漸次減少，舊式商人資本與利貸資本亦漸消滅。這兩種的資本，都只靠剝奪非資本家以為利。現已有許多國家沒有獨立工人與小農人了。比方英國便是個顯明的比例。但是沒有人能說出一個近代的國家是沒有大生產制的。願意懂得近代資本制的人，必須從資本專擅的工業制度研究起。資本家利潤所從出與而最重要的泉源，便是靠這種資本所產生的餘利。

在前章我們已討論過了，那種勞動家產生資本家剝奪的餘值。我們亦看見了每個工人作工速率的加增，過於工錢的加增，怎樣把餘值的數量加增了。這便是前面所說，由於工作量的加增，節省工力機械的發明，工資的低廉。這樣，同時勞動家的數目亦加增，資本家所得的餘值亦因而愈益澎漲了。

然而不幸人生無私的享受，不是常人所能斷求得到。雖然資本家亦自己知道內部分裂是無味，然他不能不分為地主國家兩方面，彼此貪求多量的利潤一年很似一年。

四　租銀

人若談到一種階級將變為單純的有產者與剝奪者，生產工具的專利者的時候，必不可不把地主與資本家分開。

土地是生產的一種特殊工具。對於一切的人都是必要。因為沒有他，人不能作何事業。雖是舟子乃至航空者，亦得一個啟椗的土地。又土地是一種不能任意增加的一種生產工具。不過我們須注意的，無論那一國的人民，斷不能把每寸土地都盡量拓殖墾闢。

雖然中國亦仍然有很廣大未開闢的地方。

在中世歐洲，每個農夫有他的房屋，與他的耕田。水與森林牧場，都是地方的公產。曠土既多，所以凡願墾荒的人都可佔領爲已有。貨品的出產既發達，土地的產物有其交換的價值。因而土地亦似乎成爲貨物而有其價值。如此，公衆乃起而限制農田的數目，並籌畫保障以繼續享有農田。農夫乃成爲關係密切的合作者。

但另一階級如地主等，亦需求公共的產業。大農制發達的地方，小農夫每受驅逐，離開他的墾地，歷時愈久，一切的土地幾於完全爲少數人的私產了。於是乎發生了一種專利。這乃是一種非常的專利。地球的表面，居然被幾個人霸佔乾淨了　不但無產的勞動階級沒有土地，便是資本階級的一部分亦是一樣。工業資本家有些人有時可以霸佔一個工廠，但這不能成爲絕對永久的專利。在這方面，遠不如地主。只有地主的專利，纔是絕對而永久的。

資本主義的方式，在英國最發達。在那地方，只有很少的幾家，便把一切的土地佔領了。凡需要土地的，必須出租銀於他們，纔可得着土地。照例資本家不能買土地建築工廠，所以資本家的利息，總有一部分歸入地主手上去了。

世界上許多部分，資本家與地主的界限，還不能分得這樣明顯。比方如歐洲大陸資本家的製造者開礦者等，常自有他工作必要的土地。在那種地方，那些大地主常自己做他的田工。

但資本主義發達了，勞動家一天天聚積到城市裏來了，這便引起了土地空前的增長價格，使地主的地位更重要。工人逐漸須出更高的租銀，因而必須求工價的增長。所以這樣，工業的資本家，亦不得不吐出些贓私與地主分享。

五　稅金

如地主有一個常川的收入加增，以資本家所得餘值爲比例，那便國家亦一樣的活動起來了。近代的國家與資本階級一路發生。亦從資本階級發生出來。而反過來，他又是資本階級有力的擁護者。因爲他們彼此可以促進相互的利益。資本階級不能離了國家的扶助，他必須政府的權威去保護他對待內部，或外部各種仇敵。

更進一步，資本主義的生產制發達了，由之而生的彼此衝突牴牾之處越顯明了，他的活動越複雜了，個人彼此相需的地方越多了，需要一種權力去監視每個人各盡其經濟的官能情形，更緊要了。近代生產制既成了這樣個有機性質的東西，他不能忍受如以前用個人的力量去判斷紛爭的法子。從前的自恃，現在便只有恃着由國家規定的一些法律系統了。

資本家的組織；不能說是政治權利或法律的產物；反而是因資本組織的需要，發生今日這樣有實效的法律。這些法律，並不能創造出剝奪勞動家的事實，僅能使這剝奪的組織，與其他在現行社會秩序中別的活動，進行得平穩順利。競爭是生產的大發條；法律可以說是減少磨擦的油，他盡力減少現在社會機械發生的磨擦。

發生這種磨擦的條件，既漸更惡劣了；因更需要強有力的國家勢力，以執行法律。例如剝奪者與被剝奪者有產者與無產者間，常川加增的反目，人民貧困狀況更甚，因越需要強大警備的力量。而那一方面，每個資本家倚賴他同階級的人的同力合作日益加甚，他亦越發倚靠政府的命令。

資本家不僅專從事平和的工作，與在他國內的商業，外國商業亦從開始便於我們工業制度很有關係。 越是等到外國貿易成爲主要的利益，外國商場的獲得與發達，越成爲全國民最關心的問題。 在世界商場之中，一國的資本家與別國的資本家相競爭，因反對競爭者的緣故，他們喚起他們的政府去維持他們的權利。 或者還說好些，去全然把外國競爭者驅逐出去。 因爲國家與君主，一天天更倚賴資本家，所以海軍陸軍逐漸遂全然成爲資本階級的機械。 戰爭更非政治的性質，而爲商業的性質，最後成爲民族的性質。 他們便只是由於不同民族的資本家經濟競爭之所致。

所以資本制度不僅需要一隊官吏去執行發政施令的事，亦還須一隊兵士。 這兩隊人的力量，都會很迅速的增加。 但是在最近數年，兵士的力量超過官吏了。 更因近代科學在戰爭上的應用，使戰費大加增。 這樣，所以使現在大國的軍備費，加增到出乎意計之外。 國家既用費日益浩繁，負担便會越發加重。 資本家與地主，處處把這些負担轉到別的階級身上。窮些的階級，漸漸更不能付稅款了。於是這些剝奪者雖是狡猾，亦不能不多割捨一部分利益去給與國家。

六 利息率的低落

與這種的發達並行的，是資本家利用得去做生產事業的資本數量加增的迅速，過於工人的受剝奪。那便是說，過於工人所造餘値的總數。

設一個比例，試把一百年前紡工與現在機織的人相比；機織的事，開工所需要的資本，是何等的大？資本家從前所投以從事手織的資本，是何等的小？那個受剝奪的手織工人，可以是在家庭中工作。在這種情形中，資本家給他的工錢，與他所需要的棉麻等物。論到工錢，這卻到如今沒有幾多變遷。但今天機織的人，在生產的時候，消耗比手織的一百倍多的原料，而且還有不止。又爲進行工業的必要，今天的建築物，馬力機，機抒等，都是何等的偉大？

還有一件事，須當思考的：一百年前資本家僱用紡工所需用的用費，只爲給工錢與買原料。在那時還沒有固定的資本。因爲手紡機用不了幾個錢，他的資本囘復得很快。大槪可說是三個月周轉一次。因爲這樣，他開始只須將他全年所需用的資本四分之一辦起來。今天紡織工廠辦機器，做房屋，已經得很多的錢。雖然資本家能如一百年前一樣快的賺囘他所付工錢與原料的錢數；但現在仍須很長的時候，去賺囘一百年前所幾乎不需要的其餘的資本。

一大些情形從相反的方面發展。在這中間，最重要的是最近借貸制度的發達，與物品價值的低落。第二件事是生產力加增不可逃的結果。但這兩種原因，彼此都不能完全打消別的效果。在一切生產工場之中，爲生產必要的資本數量，雖然增加的有遲速的不同，但顯然看見一年比一年的增加了。

讓我們假定一百年前某種工場必要的資本是一百元。

而今天必要的數量是一千元。從工力中剝奪的數量，比從前五倍大。那便是說，從前工作所生的餘值若是二十五元，今天便是二百五十元。這樣情形之中，餘值的數目絕對的加增了。 然比例於所投的資本，餘值却是減少了。 一百年前餘利是百分之五十，今天却僅百分之二十五。 這只是指出一種趨向所設的比例。

在資本家國裏。每年產生餘值的總數，加增得很快。 然資本階級在他們事業中所投資本總數，加增得更快。 現在若想到把每年租款稅金等一齊不計，資本家的收入，將是空前未有的一大部分。 那我們可以懂得餘值的數量漸次增加到某量時，資本便會逐漸減少。雖然工力剝奪的數量仍是增加，亦不能救濟這個趨勢。

如此，所以利息那便是說由資本家所有工力所生餘值的一部分，亦漸呈與所投資本數量爲反比例而低落的傾向。 換句話說，資本家生產制發達的進行中，一部分資本用以爲利息的，漸次低落。 這自然只就長久時間平均計算。 最顯明的比例，是借貸利息的減少。所以當工人所受剝奪加增的時候，資本家利息率反低落了。 這是資本家生產制最顯明的一個矛盾現象。 這種組織，便頑梗的站在這矛盾事情中間。

有些人由這種利息的低落，因斷定資本家剝奪的制度將自己停止。 將因生產利息太少，迫得資本家爲救死起見，不能不自已找工做。　倘若在利息低落時所投資本數量只是一樣，這種推論或者不錯。　但事實上並非這個樣子。　一切資本主義國家資本的全數，增長得比利息低落率更快。　資本的增加，對於利息低落爲必要對付方法。　若投資已從一百萬加至二百萬，二百萬加至四百萬，雖然利息率從百分之五低落到百分之四百分之三，資本家的入款並不減少。

利息率的低落，乃至借貸利息的低落，初不能使資本階級入款減少。　因爲餘值流到他們手中的，漸次數目加大了。　這種利息低落，僅能減少那些不能相應而增加他資本的資本家的收入。工業發達的過程中，資本數量常須增加，以維持他自已的地位。　使資本家得逃免勞工，依靠別人的工作以爲生活的必須資本，他數量漸次加大。　一個數目，五十年前可以是一個大機運，在今天成了不值一顧的細事了。

利息與借貸利息的低落，不能使資本家崩壞，僅能使資本階級人數變少了些。　每年要驅逐出去一些小資本家，使小商人小生產者小農人小公司亦一樣碰着這生死關頭。　這樣的個生存競爭，亦許能延長多少時候。 但他們或他們的子孫，到頭仍會失敗，陷入勞動階級。 他們用以想幸逃他的惡運命的力量，僅加速了他的崩壞。

人每詫異許多知識簡單的人，易受流氓欺騙，以重利的原故，把巨款交給了他。 實在這些人並非如此的愚騃。 他們所做荒唐的事，實在是已經沉淪的資本家所攫取最後的努力，以盼望他的小資本得着相當的酬報。 所以他們還不是利令智昏，實在是為救死怕窮以至於此。

七　大生產制的產生　合營公司與托拉斯

個人的生產，與資本家的生產，既在一方面競爭；小資本家與大資本家，亦同時彼此競爭。 每天有些新發明的東西，加增了生產能力。 這些東西同時使以前所用的機械，多少成為無用，而促進新機械的應用。 而且亦常促進了工場的擴張。 資本家在這一點，若不能有必要的資本供他支配，他遲早便會不能維持他的地位而低落。 或者勉強忍受巨大的犧牲，以投資於那還未被比他有力的資本家攫取的小事業中。 因此所以大工廠的競爭，發生小工廠的資本過剩。　這樣，使小資本家的競爭更凶猛，崩壞亦更迅速。

大資本的工業漸次擴張，從前有幾百個人的地方，現在成爲需要幾千人的偉大事業了。每日有些小企業的組織歸於烏有。　工業的發達，不能加增個人企業的人數，反迅速的減少了。

還有一層，工業的發達，便這樣的使許多資本家事業漸次集中於少數人之手。　有時是一個資本家；有時是一個資本團體，在法律上成爲一個法人；——合營公司與托拉斯。

引入這一條路的，有幾多路徑：

一是由於資本家想避免競爭的苦心。　競爭是近代生產制的大發條。　實在呀，他是一切商品，一切爲買賣的貨物生產的大發條。　但競爭雖於汎論的商業生產是如何必要，然沒有一個資本家不想他的貨物幸而逃免市場的競爭。　若他是支配某種貨物的獨行，若他對於這東西得了專利，他能定價遠超過於實際的價值。　那些需要這貨物的，只有全然倚靠他。同一貨物，若有幾家賣的人，在一個市場中，他們要想專利，只好靠着彼此的聯合，以彷彿成爲一個賣者。這樣的聯合，——合營公司與托拉斯——遲早把競爭的人數更發變少。這少數人矛盾的利益亦得了個調和。

資本制度既推廣了市場，加增了競爭的人數，要想在生產交易方面得個專利，自然很不容易。但每種資本工廠發達了，便同業的組織數目減少了。從那時候向前走，很快的便會到合營公司與托拉斯地位。在某國中若能用高稅率保護本國貿易，以反對外國競爭的時候，合營公司便可以由這很快的成熟進爲托拉斯。這樣，便競爭的人數減少，內國生產者更易集中，以建造專利。而且謝謝『保護國內工業』政策，能盡量榨取民族消費者的經濟，滿他們的貪慾。

在近二十年，托拉斯的數目大增加。某種物品的生產及價格，都受他的規定。這種情形，特別是在保護政策的國家，如美國法國德國爲甚。托拉斯既經建設幾個公司，便聯合彷彿成爲一個公司的樣子，受一個首領的指揮。

對於生產發達最必要的貨物，如煤鐵，成爲合營公司與托拉斯最先所取的題目。聯合常使他的勢力澎漲到他專利工業以外的事。　他使全部生產事業，都倚賴少數專利者。

一方的努力，使同業的幾個事業歸入一個人掌握之中；一方亦使不同業的幾個事業，彼此供給需要的原料或機械的，亦聯合於一個組織之下。　我們常看見鐵路公司自己有煤礦，及造機頭的工廠，糖業公司自已種一部分他自已需要的甘蔗甜菜，種山薯的有自已蒸溜等的工廠

還有一條路徑，便是幾個組織漸化成爲一個事業最簡單的法子：

我們已經看見在現在生產制之下，資本家的功用是何等的大；在工具私有制度之下，大生產只有資本家的生產制做得成功。　有資本家的生產，生產纔能進行平順。　資本家用他的資本，以立於他的地位，而運用他做各種有效力的事業。

同時資本家的事業越大，資本家救濟他自已，避免他增加職務的一部分，越是必要。救濟之法，或轉移他到別的資本公司裏去，或轉移他到他所僱以從事工作的僱工身上去。自然在工業進行中，這些職務被雇員做或資本家自做，其結果沒有分別。　做這些職務，不

能產生價值。資本家自身做是這樣，雇員代他做亦是這樣。然而對於雇員，資本家必須從餘值中給他薪資。這亦是所以使資本家的餘值低落，利息低落的一個原故。

企業的進步，使資本家不能不雇用一些助手，以救助他自己做太多的工作。而由於餘值的加增，他減少了這種改變的消耗。餘值越大，資本家能轉移到他的雇員身上的職務越多。一直到後來，資本家乃至可以不做一件事體。所留給他做的，只有怎樣去投他個人消費所不需的餘款，到有利的事業上面。

已經達到這最後一步的公司，一年年的數目加多了。有許多股本公司中間，雖再呆笨的人，亦知道資本家不做一件事情；他惟一的重要，只是靠他的資本；

有些人想到他們看見股本公司的興起，是一種使小業主能享受大生產利益的一個法子。但是股本公司與借貸一樣，只算一種特式的借貸。他只是把小業主的財產拿來，供大資本家支配的一種方法罷了。

資本家若看見可以做那一種事業無論何人，不管他對這種事業有無一些知識，只需他有錢買股票，便立時可以加入。因此資本家便可以聯合許多全然無關的企業，到他手中。大資本家容易建立股票公司。他所需要做的，只是獲得大宗的股票。這公司便須倚賴他，視他的利益而決定怎樣做事。

最後我們必需注意，大量的資本較小量的資本易於繼長增高。因資本越大，別的情形不變，便利益亦越大。資本家個人所消費反比例的減少。他所能增加的新投資爲數越多，一年的入款若爲一萬元，資本家還只能照着他的意思求個低度的生活。若一年入款到了十萬元，他雖然得消耗於他自己身上，像從前五倍的多；仍每年能加六千元，便是五分之三的利息，到他原來資本上去。小資本家爲生存競爭，一天天更苦些了的時候；大資本家手裏財富的大聚集，一天天澎漲得更快。在短時間，便可以到很大的數量。

再約起來說，大事業的長進，大機運的加增，企業人數的減少，各種公司的集中於一個人手中，這都可以證明資本家生產制常有將生產工具集中於少些人身上的傾向。這樣，工具因成了資本階級的專利，最後的結果，必定是要把一切生產工具集中於一個人或一個股票公司手裏，作爲私產，而任意處置。　全部分生產機械，將變成一個大工廠，屬於一個主人。　在資本制度之下，生產工具的私有，引起他自身的崩壞。　他的發達，便自已掘了他的根基。　賺工錢的工人，成了一大部分消費者。　餘値所賴的出產物，被封鎖得賣不出，亦便成爲無價値的東西。

實在像這樣講的一些情形，似乎是非理不可能的。　私有制度崩壞，似乎是沒有，亦不能有的日子。　這一種趨向，只能進步到那樣個程度，使社會中痛苦仇怨矛盾，至於人民不能忍受，起來把社會打得粉碎。　這種改變，雖非經濟發達所預期，但結果不能逃這運命。　私有制度崩壞，縱如說者所信將沒有那日子；但我們究竟正在極力向這方面推進。　同時一方面不同的資本事業漸次集中於少數人之手；他方面似乎獨立的事業，因分功不可逃免的結果，而相互依賴的關係更重。　這種相互依賴的關係，常令一方面佔優勢。　因小資本家漸次更依賴大資本家。　正如許多家庭工業的工人，似乎彼此獨立，而實際仍是資本家手下賺工錢的工人一樣。　許多小資本家似乎對於別的資本家享有獨立的資格；以及許多似乎獨立的資本公司，實際亦仍是些大資本組織的附屬者。

人民多數經濟上依賴於資本階級，一天天關係更密切；同時資本階級內部多數人依賴於少數人，亦一天天關係更密切。　這少數人人數便一天天減少；却因他的有錢權力反一天天加大了。

資本家依賴別人，正如勞動家小商人小生產者的依賴別人一樣的靠不住。　不但是靠不住，他所做的事全然是爲他人忙了。　依賴越很，地位的不安定越很。　自然只小資本家最痛苦；但大資本家亦不是絕對的可以沒有危險。

有些加增資本主義事業不安定的原因，前面已經說了。　外界勢力最影響於全組織的，莫過於依賴關係的加增。　階級間的嫌怨，既是正比例的加甚了；彼此相互攻擊的人數，亦正比例的加多了。　所給予每人有力的武器，亦正比例的加利害了。　資本家生產制，使紛擾的機會加了多倍，使由紛擾所召的損失，亦加了多倍。　更進一步，工作生產力的加增，不僅資本家收回了更多的餘值，市場中亦復堆積了更多的商品。　工力的剝奪，使資本家相互競爭。 每個資本家與全體資本家死戰。 同時又常有生產的機械方法的革新，新發明與發現，使現行的機械無價值或無用。 不僅一個工人一個機器，有時全工廠乃至全事業，都會成爲無用。

沒有資本家能依賴未來的事，沒有人能一定說他能保守他所有的而傳之於子孫。資本階級自身分裂爲二：一是對於工業生活沒有用處，他只能消費那些流到他手裏的餘值，這種人漸次增多。 一是還不至對於工業生活全無用處，但這種人反減少了。 因爲人數越減少了，他要保持負担他的地位，更發難了。 前者漸盪變爲無用的惰夫；後者又因生存的競爭精疲力盡而死。

對於兩方面，這不安定的幻影都是他們方與的憂患。 近代生產制並剝奪者與享偉大專利的人，亦不能享有他們的贓私，到十全的田地，

八　企業的危機

在我們尋常狀態之下，一切階級都是這樣的生活不安定。 又加以定期工業上的危險，

到生產進至某種程度，如自然法則所規定的一樣而發生，所以生活越不安定了。

在近二十年，這種危險影響的重要，及討論這問題思想的紛歧，值得我們特別注意。近代最大的危險，影響於世界市場的，常起於生產過剩。　而生產過剩，又起於多利益。　這乃是我們商品生產制度所必有的特性。　生產過剩，就生產過於實際的需要說，是無論任何組織可以發生的事。　但在生產者從事生產以滿足他自己需要時，自然這不能發生何種傷害。　譬如從前時候農夫的穀，亦許一年生產過於他所需要，他可以堆積起來以防凶年。　他的倉裝滿了，他可以把剩餘的餵牲畜。　再說壞些，他亦可以任他棄置糟蹋。

但近代商品生產制度却不然。　第一，這組織既經發達了，人的生產都不為他自己，而僅以為別人。　每個人買他所需要的東西。　加以全社會的生產非由於一種有秩序的方法進行，他只聽憑每個生產者去自己估量他所生產貨物的需要。　第二，近代生產制既發達過了第一層階級，除了貨幣的生產者，都不能在賣他自己所生產的以前，去買他所需要的東西。

這是兩個危險的根苗。

爲解說這件事，有個簡單的比方。 在一市場中，聚集了一個有錢的，比方說是挖金鑛的人，帶着金幣二十元；一個酒商，帶着一桶酒；一個織工，帶着一包布；一個磨粉人，帶着一袋粉。 爲說簡單些，比方每個人的這些東西，都等於二十元；亦比方每件東西恰恰合別人的需要。 酒商賣他的酒於掘金鑛的人，他得了二十元，便從織工手上買布；而織工又拿他布所得的錢去賣粉。 每個人都心滿意足的回家。

明年四個人又會聚了。 每個人對於彼此的貨物，仍如前一樣的需要。 比方說挖金鑛的仍然願意買酒，但酒商却不需布，亦不要錢還帳。 他因衣服破舊了，要買一件新的。這樣，他便把二十元放在袋裏回家去了。 現在織工再等不着人家來買布；磨粉人與他一樣亦失了望。 織工的一家人亦許是餓了，急於要粉子吃，但他聽生產的布，他自己卻沒用處。 所以布成了無用了。 粉子亦不得其用。 織工與賣粉人都沒有錢，都不能買他所需要的東西。 他們所生產的，都似乎成了過剩的生產。 一切別的貨物，凡生產得爲一部分人用，而那部分人卻得不着那東西用的，都是這一樣。 說遠一點，一張桌子，木匠生產他，磨匠需要他。然而他是過剩的生產。

工業危機的重要特點，都在上面可以看出來。自然就實際說，在這種初步的生產，不得發生甚麽危機。但商品生產第一步，每個生產者多少總要生產些供他自已消費。專爲買賣的生產！在每個家庭中，只佔全工業的一部分。上面所說織工磨粉人，每人都有一塊土地，幾頭牲畜 他們可以忍耐的等着，一直到他們的顧客來到他那裏。如實在運氣壞極了，他們求仍可生活，把那除了不計。

而且在商品生產的第一步，商場還小。一切的事容易計量。一年一年的生產同消費，羣衆的全部社會生活，進行得很平順。在過去的小社會中，每個人知道每個人，深悉他的需要及購買能力。這種地方，工業的活動，一年年情形相差不遠。生產者的人數，工作的能力，物產品的數量；消費者的人數，他的需要他能處置的金錢；這都沒有很迅速的變化。每個變化，很快的被考察出來，被提出大家考慮。

這一切在現在商業狀況上，都大有不同。在商業勢力之下，爲自已消費的生產，堆積得太多了。 爲商品生產的個人，更甚的是零賣的商人，他的生活全靠賣他的貨物。 特別重要的，是利在速賣。 凡阻礙商品的買賣，乃至使買賣遲滯的，都成爲他們的大禍害，甚至使他們因此失敗。

由商業而各種不同的商場彼此相互接近。 公共的商場大擴展，但難於因應。 加以常有一二居間的人，於生產者消費者中漁取利益，因而更感不便。 商業與交通工具的發達，物產的運輸，很爲便利。 所以很小的需要，易於招集很大的供給。 這一切原因聯合起來，越發使估量商品的需要與供給爲靠不住。 統計表的發達，不能於這種趨向有所補救。社會全部的經濟生活，越發依賴着商品的估量；而商品的估量，越發危險靠不住。

商人從開始便是個估量者。 估量不是在交易中發明，乃是資本家必要的職務。 因預先估量商品的需要，因在供給過剩的地方用賤價買貨，因在價昂而缺貨的地方賣他，商人更幫着把些秩序帶到各個獨立事業，無計畫的生產制度裏面來了。 但商人估量易於錯誤。在他沒有時候思慮他的危險時，錯誤的發生更爲容易。 不只他一個人是世界中的商人；他有幾千幾百的競爭者，都在那裏相機以求利益。　在這種情形之中，以敏捷爲求勝利的必要，不容長久的思考，不容周詳的細究。　資本家不能不冒險。　冒險便不能無失敗。　當商品在某市場需要很急的時候，大量的貨運到那裏去，一直到超過那市場的消化能力，於是價目低落了。　商人不能不忍受損失，賤價出脫，或運到別的市場裏去。　他這種失敗，有時便足以使他破產。

近代商品生產制度發達了的地方，市場中非供給過剩，即得不着適當的供給。　這可以發生一種結果：由於一些非常的原因，市場堆積的存貨太多，商人的損失太重，因以使許多商人無以自持而失敗。　這種情形之中，發生了我們第一等的商業危險。

小生產制是工業中重要方式時，商業的危險，其範圍與程度有些限制。　無論如何的需要，不能在一個地方很快的加增。　商品的全量，在手工或小工業部勒之下，生產不能有很大的擴張。　他不能靠僱多些人去求擴張生產。　因爲在普通情形中，一個團體中從事生產的人，都已有事做了。　他只有靠加重勞役，——延長作工時間，剝奪假期等。　但古時獨立的工人農人，還沒有大生產的競爭，他亦無須這樣做。而且他便這樣做了，生產仍沒有幾大分別。因爲工作的生產力比較很小。

但資本家大生產制起來，便不同了。這種制度，不僅發達一切的工具，使商品聚集於一兩個商場中，多到以前夢想不到的程度。不僅擴張每個市場，成爲囊括全球的世界。市場不僅加多了生產者與消費者的中間人，而且能使生產應於市場的需要突然而擴張。

現任工人全然附屬於資本家。故資本家簡直能任意加多他的工作時間，停止他的星期日，限制他夜裏休息的時間，使他比以前所能更迅速多了的加增生產。而且今天一點鐘的過分工作，用今天的工作能力所加增的生產，比手工一天的工作還大些。由於借貸信用制度，資本成了可以伸縮的數量。一個有起色的商業，可以加增信用，可以在街上挪移款項，可以短時間賺回他的資本，以加增他的效力。最重要的，資本之下常有大隊的工人後備軍，——失業者——供他的驅使。所以資本家無論何時可以擴充他的事業，雇用更多工人，很快的加增他的生產，利用機會以爲着他最上的利益。

我們前面已說了，在大生產管理之下，工業的資本得了空前的進步，能管轄全部的資本工業。但在資本生產自身範圍以內，某種工業，如鐵廠，布廠，又凌駕別的工業。無論那種工業受了特別的促進時，無論是中國新商場的開放，或鐵路事業的延長，他不僅於自身得了很快的進步，而且把這種生機轉到全工業界。資本家擴張他的事業，建設新事業，加增原料及副料的消耗，雇用更多的工人，而且租金利息工錢亦因這一齊繼長增高。貨物的需要既增加，一切工業都覺得興旺。這時候每件事業都似乎氣象很好。信賴成了盲目，借貸極爲自由。有錢的人都要把他變成資本以求利益。一切人的所有，都這樣捲到工場裏去了。

同時生產大增加，市場中原來的新需要得了滿足。然而生產增加還是如前沒有停止。一個生產者不知道別個生產者做些甚麼。雖在極顯明的事實中，有些資本家仍然會起些誤會；他們想避免競爭的落伍，因攫取機會與利益，而仍陷於阱坑。俗話說的「思捉最後的一個一」。然而貨物加增數量的處置，亦很不容易。堆棧雖滿了，轟隆轟隆的機器還在努力進行。時候到了：商品公司必須付他上月所收工廠貨物的價金，但貨物還未賣，債務者只有貨沒有錢。他不能還債，於是失敗了。其次便輪到工廠，他亦有定期償還的債付不出來，像他的債務者不能付他一樣。於是亦失敗了。於是一個跟着一個破產下來。一直到發生一個普遍的失敗。於是最近盲目的信賴，變成了同程度盲目的恐怖。痛苦越普遍了、崩壞的時候來了。

這時候全工業界搖動到他中心來了。每個事業，不是立足於很穩固根基的，都破裂得粉碎。壞運氣不僅侵襲到那些架空的事業上，並到了那平時僅能站在水平線上的事業上。這個時候，小農夫，小生產者，小零賣商，小資本家，一個個倒了。自然那些能夠維持的大資本家，因這得了一大筆贓物，在危險時期中，有兩件事發生：一是小朋友的失產；二是生產集中於少數人之手。而這樣於是大機運遂聚集於他們那裏去了。很少的人，能夠自信他在這危險中可以維持得住。一切近代生產制的恐怖，生活的不安定，缺乏，賣淫，與犯罪，到這時都增長到可驚的比例了。許多人都因飢寒而死，因為他生產了太多的衣料食物房屋的原故。這到了個最可驚異的時候。近代生產力與商品生產制越發不能調和了：生產工具的私有，越變越成爲禍害了。最先是無產階級的禍害；其次亦且成爲有產階級的禍害。

有些政治經濟家說，托拉斯可以除去這種危險，但這是假話。聯合營公司與托拉斯的生產方法，他似乎能管理一切工廠，及資本家生產制所擴張到各國的國際間工業組織、但國際間的托拉斯難於建設，亦難於保持。所以托拉斯能有權力管理國際商業而避免危險，是很少的事。論到生產過剩，托拉斯的主要任務不是制止他，只是把他的壞結果從資本家肩上移到工人消費者身上而已。

便假定那些重要的實業，居然建設了很有條理的國際托拉斯，但這又生甚麼結果呢？資本家的競爭，只有一件事：便是同業中的生產者的競爭消滅了。但這消滅得越完全，不同業的生產者中所生嫌隙越大。這些別種商品的生產者，如消費者一樣，需要這托拉斯的物產。說簡單些，完全的國際托拉斯成立，將使資本階級不更分爲競爭的個人，而分的仇恨的團體，而使這些團體彼此拔刀相殺。

必須一切托拉斯聯合成了一個托拉斯，一切資本國家的生產事業集中於少數人之手，那便是說生產工具的私有到了止境了；托拉斯纔能除去這些危險。在實業發達的某時期，只須生產工具的私有長此存在，這危險是不可免的事。

九　常見的生產過剩

與定期恐慌永久的呈現，及常見的生產過剩與其相隨而生之財富力的耗失並行的，有常見的生產過剩與能力的損失。

生產機械的革命不斷的進行，他所侵入的地方一天天更多了。每過一年，必有許多新實業爲資本家大生產制所擭取，結果工作的生產力，以空前的速率不斷的增加。由這，新資本的聚集，亦不斷的進行。剝奪工人程度越很，被剝奪的工人人數越多，資本家所能得而用爲新資本的餘值與金錢的數量越增加。所以資本制度不能靜止的。他常澎漲。市場的澎漲，對於他極重要。靜止便是死亡。從前手工與小農業的時候，一個地方每年所產，只因人口增加而有增加。 但資本制度卻不然，他卻必需生產不斷的。 增加每有停滯，總是社會的災禍。 停滯之期越久，社會痛苦越深。 所以與市場定期的擴張，召起的生產定期的增加一路，常有一種長在的力量，永遠驅策的向這方面走。 這是資本家生產制承襲下來的性質。 這種力量，非由市場的擴張所召起，他乃促進市場更擴張的東西呢。

市場的擴張有限制。 在近三十年間，常有不能更擴張的時期。 資本家生產制所延長到的地方固然是大，他跳過了一切地方界域國家界域，以奄有全球。 但資本主義實際總限於地球上面。 僅一百年前，資本主義實業的商場，限於歐洲西部，幾乎包括所有英國管轄的海岸與海島。 但資本家的貪心如此的大，他自由處置的工具如此其廣；因而地球上一切國家，都被迫的不但對於英國的物產，乃至一切資本國家的物產，不得不行開放主義。 但今天再很難有別的商場開放了。 如有，亦必是疲癘無可得利之處。

轉運的奇異的發達，一年年的使商場中較完全的蹂躪，成為可能的事。 但這種傾向，因這些人口增進到文明的某程度，市場中經了一種改變。 故他的力量彼此對消。 無論何處，資本家大生產制引入，便會撲滅了家庭小生產制，而改發工業農業上的工人成爲勞動家。

這在以吸吮資本實業盈餘物產的市場中，發生兩種重要結果：第一，他減低了人民購買能力，因此打消了市場擴張的影響。 第二，他爲資本家生產制度立了個造勞動階級的根基。 第二個結果更重要。 這是資本家生產制，挖他自已的墳墓。 從他發達的某一點以上，每個新市場的擴張，召起許多競爭的人。 現在在美國的資本家大生產制，還是不上二三十年的產物。 不但他在力求打倒歐洲的競爭者，而且極力在求攫取全美洲的商業。 俄國更幼稚些的資本工業，亦已起手去求做全俄所有歐亞兩洲土地的唯一供給者。 東印度中國日本澳洲亦次第發達，成爲能自已供給他所需要的實業國家。 總之，實業國家的市場，將不能再擴張，將且收縮的時候，一天天近了。 這將使全資本制度的破產。

在從前的時候，市場的擴張，不與資本家生產的需要相應。 需要既一天天受了阻礙，要完全發達他所有的生產力很不容易。 興盛的時機越短些了，恐慌的時期越長些了。

生產工具既不能得充分的應用，且有時須勉强廢置；然而這工具的數目，仍然這樣增加，消耗的財富數量亦一天天大了，勉强被迫於無事可做的作工能力亦復非常的加增。在這最後的一件事，不但指着那些容易長成爲社會禍患的一大堆失業的人，亦必把下說的人計算在內。如那些加增的社會寄生蟲，他只能找着比較相習的工作，去在一切職業中取一個可憐的生活。好多職業是無益的，還有許多是有害於社會的。如做中人，開酒館，做主人充代表做行商等。又有各等級多數的人，可統稱他爲下流的，他們只是高等或低等的騙子，罪人，娼妓，或無數倚賴的人。又有一大些附屬於有錢的人，作爲他個人奴僕的。又有無數的兵。最近二十年軍隊的增加，非生產過剩使世界的一大部分工力成爲無用，亦或不至如此。

資本家生產制起手受他自己價值的鈐制了。他漸變爲更不能忍受他自己建造的工力的圓滿發展。多數創造的能力，越不能有所作爲。物產消耗的數量越多。非資本制度全部破裂，無以挽救。

資本制度的引入，工具爲每個工人私有的小生產制，爲工具成爲少數人所私有，而工人都成爲無產的勞動家的大生產制所代替，這是所以使工作的生產能力大加增的法子。這些事是歷史上資本階級的任務。那些被剝奪的人類所忍受的痛苦，可怕極了。這便是他盡了他的責任。這亦還有兩個歷史必要的根據，一是商品的生產，一是工具的私有。

但無論資本制度及產生資本制度的境況，從前是如何必要，現在都不是這樣了。資本階級的功用，漸轉移到賺工錢的工人之手。大多數資本家，現在都無事可做，僅只消費他人所生產的。今日的資本家，成了個無用的人，如前一百年封建的地主一樣。

不僅如此，資本家在今日，正如十八世紀封建地主一樣，亦是更遠進步的障礙。工具的私有，已久不能使每個生產者得着他工作的產物，亦不能保證他的自由。今天的社會，很快的會轉到全數資本國家的人民，都失了財產與自由的田地。從前是社會根基的，現在成了破裂一切根基的東西。他不但促進社會到生產力最高的發達，而且亦促進社會更消耗他的生產能力。所以生產工具的私有，從他原來的性質，變到反面去了。不僅小生產者吃他的虧，社會全部亦吃他的虧。他從進步的動力，變成了社會墮落與破產的原因。

今天對於生產工具私有制是否應該保存，已經沒問題了。　他的崩壞是一定無疑的事。惟一的問題要解决的，是生產工具私有制，是應該被容許讓他拉着社會一同墮入陷阱亡呢？或者是社會要搖掉那個負担，使他自由而强固的，重新進行進化律所規定的進步路程呢？

第四章　未來的共同生活

一　社會改良與社會革命

生產工具的私有，從前是使生產者有他的生產品的法子。　但今天成爲攘奪農夫，工人，小商人所有的工作生產品，而歸之於不生產的資本家與地主的法子。　只要把生產工具——土地，礦山，原料，器具，機械，及交通運輸的東西，——從私有改爲社會公有，把商品的生產改爲社會主義的生產，使一切的事都爲社會所做，亦被社會所做；大生產制與永遠加增的社會工作生產力，能從爲受剝奪階級的災禍壓迫的淵源，變而爲幸福而調和發達的淵源。　——厄佛得宣言第五款。

在資本主義社會發生的生產力，已與他站脚的財產制度，成爲不可調和的東西了。　維持這種財產制度的努力，使社會不能有更遠的進步，使社會停滯腐敗，——腐敗是隨着最痛苦的紛擾所發生的。

每個生產力的進步完成，每加增生產力與現行財產制的衝突。想不侵犯財產制度，而消滅這種衝突，或減少這種衝突，都已證明是無益的事。那便以後更再有這等的努力，仍然必是無益。

過去的一百年，有產階級的思想家與統計家，都極力去防止生產工具私有制可怕的崩壞。那便是說防止革命。他們永久對於實業界設法補綴，對於生產工具私有制一時除去這種毛病，一時除去那種毛病，至少亦求減輕他的毛病，但總不敢干犯私產自身。他們稱這爲社會改良。在過去的一百年，有許多補救的方法說過了，亦做過了；現在亦想不出甚麼新藥方子了。一切這些診治社會的走方郎中，所稱爲最新包治百病的藥，能神速的治療舊社會，不在多錢，不受痛苦的，過細考察起來，便知道都只是老法子翻新。一切的老法子，從前在別處都已是試驗得沒有效的，他們卻提議去用這消滅生產力，與現行財產制的衝突，而想盡力維持且鞏固財產制。這可斷言不可能的事。但我們的意思，亦不是說社會革命，——打破生產工具私有的制度——是可以自己完成。這不可抗禦不可逃免的革命程途，不須人的助力自然實現。亦不是說一切社會改良是沒有價值，在現在忍受着生產力與財產制度衝突的人，沒有別事可做，只好袖手靜候這財產制的打破。

我們說社會革命是不可防禦不可避免，我們仍以人是人，不是木石的原故。人是有某種需要與衝動，有某種心力與體力，將運用以求他自身利益的一種生物。靜候那似乎不可避免的事，非社會革命進行途程中容許的事。因為那樣，社會革命將停滯不能進行了。

我們說打破生產工具私有制度，是不可避免的事；我們不是說一天早晨，一些被剝奪的階級，將不費力的找着，有些好仙人把這個革命帶來了。我們想得現在社會的崩壞，是不可免；因為我們知道經濟的進化，必然引出使被剝奪階級起來反抗私有制度的情況。我們知道這個制度添加了被剝奪者的人數及力量，而減少了剝奪者的人數及力量。結果必會引得民衆大多數到這樣不可忍耐的情況，使他們沒有別的路走；非永遠沉淪下去，便只有推倒私產制度。

這樣的革命，可以有各種方式，由他所以發生的各種情況而不同。 但卻不必要會有暴動流血。 歷史上有許多比例，治者階級或有特別明瞭的眼光，或因特別的怯弱，便屈服於這不可免的前途，而自願退讓。 社會革命亦不是必爲舉手而成的事，或者永無舉手而成的事，亦未可知。 革命須靠幾年乃至幾十年經濟上政治上的競爭，以爲預備。 他們常由於反對的各階級各黨派彼此勢力的起落；常由於長時期的反動所成功。

但革命所取方式雖多；然而沒有一種革命不是由於最受痛苦的一部分人強力的反抗現存的狀況。

再則我們說那些不肯打破現在財產制度的社會改良，不能消滅現在經濟發達所產生的衝突；我們亦不是說在現存社會組織之中，被剝奪者對於他所忍受的痛苦，所有的競爭全然沒有益處。 我們不是說他們應該忍受虐待，及一切資本制度所加於他們各種方式的剝奪。亦不是說他們既被剝奪了，這亦不算一回事。 我們的意思，只說被剝奪的階級，不應看重了社會改良，不應想靠他現存的狀況，便可變爲圓滿。 被剝奪的階級，應該過細考察一切供獻到他面前的社會改良方法所提議的。 這種方法，十分之九都是無用，僅積極的有害於被剝奪的階級。 最危險的提議，是以救正可怕的社會秩序爲目的，却不肯張開眼睛看上世紀經濟發達的已事的一些計畫。 工人贊成這種計畫的，徒然消耗他的力量於鈔襲舊案無意思的努力。

我們可以有好多法子影響於經濟發達；可以使他發達加速或停滯；可以使他的結果痛苦些或不痛苦些。 但有一件事是不可能，——停止他的發達，或使他反古。 例如在資本主義的初期，工人毀機器，反對女工等類的事很多，但都徒勞沒有用處。 他們所反對的，乃是無物可以抵抗的一種發達。 從那時以後，他們已找着了好些的法子，去盡力防禦資本主義剝奪的有害結果。 他們用商業合作與政治活動，彼此相互補助。 在各文明國家，多少有些成功。 但他們的每個成功，無論是加增工錢減少作工鐘點，禁止兒童作工，注意衛生設備，都一樣給了經濟發達一個新的衝動。 這些成功的結果例如資本家更用機器來代替高價的人工，或逼得增大工錢的支出，而致小資本家更難以競爭，因此促短他(小資本家)經濟上的存在；而加速資本的集中。

所以工人無論怎樣建設工團，去改良他們的生活，如減少作工鐘點，及求得其他有利益的改變， 這等努力可說是正當。 或且說是必要的。 但若以爲這樣的社會改良，便能延緩社會革命，卻究是個大錯。 有人相信要承認社會改良的用處，必不可不承認須保存社會；以立於現在根基之上。 這亦是一樣的錯。 反過來說，改良可以從革命的一點進行。因爲我們說了的，他是促進革命的實現，他不是求避免資本制度自殺的傾向，只是加他的力量。

把人民變成勞動家，把資本集中於少數人之手，使這少數人管理資本國家全部經濟生活。 這些資本主義殘暴召起革命的結果，都非立腳於現存財產制的社會改良所能救治，無論他的改革是怎樣偉大。

二　私產與公產

生產工具的私有制要怎樣保存，現在已沒有問題了。惟一的問題，是代替這制度的，將是甚麼，或且必是甚麼。這不是要求一種發明的問題；只是討論一種現成的事實。我們不須選擇怎樣去建設一種財產制度，如我們不須選擇怎樣去保存或捨棄現在的制度一樣。使我們發生用甚麼去代替生產工具私有制的經濟發達，一樣亦引出了一種境況去解決這問題。新財產制度，便藏在舊的中間。我們要求看清他，必不可只顧望着我們個人的嗜慾與願望，須顧望周圍我們的事實。

懂得對於現存生產制爲必要的條件的人，便懂得在現存財產制不能繼續存在的時候，需要那一種財產制。生產工具私有，是以小生產制爲本，個別的生產使個別的私有爲必要的處置。但大生產制的意思，是協力，是社會共同的生產。在大生產制之下，個人不能單獨作工，必須一大些人或全體人民大家工作，爲大家生產。故近代生產工具，是範圍廣，財力最大的。一個工人要私有他的生產工具，是不可能的。大生產制既到了這個田地，財產制只能有兩種樣子。

第一，協力工作的生產工具，爲個人所私有。這便是現存的資本制度，與他對工人部分悲慘剝奪的結果；及對資本家部分阻礙發達的功用。

第二，生產工具被工人所公有。這便是協力生產制，使工人脫離受剝奪之苦，成爲他自己生產品的主人，享有在現在制度下被資本家剝奪的他自己所生產的餘値。

以生產工具的公有代替私有，這種經濟發達，日漸用更加增的力量激勵我們了。

三　社會主義的生產

打破現在生產制度，意思是說把爲使用而生產，代替爲買賣而生產。

爲使用而生產可以有兩種形式。

一，個人生產以滿足個人的需要。

二，社會協力生產以滿足大家的需要。

第一種生產制，從來未曾通行。人是社會的生物。我們盡力遠溯人類的歷史，都證明是這樣。個人久已須別人協力，以滿足他自己主要的需要。別人須爲他工作，他亦須爲別人工作。　個人生產爲自已消費，向來只是附屬的一件事。　今天更不配討論了。

在現在商品生產制之下，協力工作以爲公衆使用，這是主要的方式。　蓋自有生產以來，卽是這樣。　若我們想着某種生產制比別種較適於人性，那便必推協力生產爲自然的好制度。　商品的生產，若可以說是到現在已有幾千年的事了；協力爲使用的生產，到現在總有幾萬年了。　協力合作的社會的性質，範圍，權力，隨着他所採用的生產工具與方法而改變。　但無論這些人是初民羣居，是部落，是別種形式的社會，他們都有幾種相同的重要方式。　每個人用他自已工作的生產品，去滿足他自已的需要，至少去滿足他那最根本的需要。生產工具是社會公有的。　人民聚在一處，自由而平等的依着傳襲或規定的計畫作工。　受他們自已所選酋長的管理。　這樣協力工作的生產品，是社會的財產，或用以滿足公共生產或消費的需要，或用以分配於組織這社會的個人或人羣。

這樣自給團體，或社會的幸福，倚靠自然與個人的條件而定。　他們所作的地方越肥沃，人越勤快，智力體力越發達，便公共幸福越大。　水，旱，强有力的仇敵之侵入，都可以損害他們，毀滅他們。 但他們還不致有商場的危險。 他們既全然不習於商業，他們只於談論奢侈品時，偶然念及他而已。

這樣協力爲使用的生產，沒有甚麼不如所謂共產的生產，或如今天所說社會主義的生產。 爲買賣的生產，只能被這種制度克服。 爲買賣的生產，既已到不能維持下去的時候，只有社會主義的生產制度了。

然這不是說必須反古還樸，重新建設共產或共同生產的老方式，這些方式，是應於某種生產工具而採用的。 他們從前既已不能應用於更發達的生產工具上面，將來亦是一樣。爲這個原故，他們在經濟向着爲買賣生產制度發達的時候，各處都相繼消滅。 凡在他們抵抗爲買賣生產制的地方，他們的效力都被生產力發達所壓倒。 今天若想努力，靠喚回這種老公有的制度，以打破現社會，亦只是一種無希望的反動，正如從前努力抵抗爲買賣生產制度一樣。

社會主義生產制度，既因近代爲買賣的生產制，旦夕的會破產，而成爲必要，那便他將有而且必有幾種與古代共同生產共有的色彩，如他們都是協力爲使用的生產便是。　正如資本家的生產制，有些與從公共生產轉到個別生產的小生產制度相像的地方，如都是爲買賣的生產便是。　亦如資本主義生產制度，是商品生產較高的發展，所以究竟與小生產有些不同；社會主義的生產，在現在亦必與從前爲使用的生產制度有些不同。

未來的社會主義，生產制度，不是古代共產的後身，是資本主義生產制的後身。　關於他建設的必要原素，都由資本主義發達而來。　他把新生產制所需要的新人引出來了。　他把新人所能善處，而因成爲新生產制柱石的社會組織，亦引出來了。

社會主義的生產制，第一須改變各個資本家的企業，成爲社會的機關。　這種改變，因資本家對於現生產制一天天更無用處，所以時機且成熟了。　第二須使一切滿足公共需要的事業，聯合成一個大公司。　這在上一章，已把經濟進步資本家企業集中的趨勢所預備路徑指出來了。

這樣自給的共同生活，宜於人數多或少呢？　因社會主義的共同生活，不是一兩個人的臆造，乃是經濟發達必然的結果；所以共同生活人數多少，不能預定，經濟越進步，分功越完成，生產者間關係越密切，那便共同生活的人數宜乎越多。

差不多兩百年前，一個英國有思想的人約翰倍納 John Beller，在資本主義還很幼稚，然而已遍布全國的時候；他提了一個從根本上救治窮人的議案於英國國會。他想建設能產生他所需要各種工業，農業物產的社會。照他的計畫，每個團體只須兩百或三百工人便夠了。

在那時手工還是重要的生產方式，資本主義還只在工業時期，沒有人想到會有近代機器工的資本主義與大公司。

一百年後，這同樣的意見，又被提出來了。但這次被社會主義思想家更深邃的完密的思慮過。那個時候，近代工廠機器的制度已起始了。手工業各處逐漸消滅。社會更進了一步。因此在十九世紀初期，社會主義家所提議以除去資本主義罪惡爲目的的團體，比倍納所提議的大了十倍。（如傅利葉Fourier的組織）。

把傅利葉所知的經濟狀況，與倍納時的狀況相比，似乎奇異的進步了。但從再後一代的眼光看，這種進步亦復成爲小事。機器總在不休息的革社會生活的命。他把資本家的事業，擴張到很大。有些事業，簡直要氣吞全國了。他把一國的事業，引得彼此相互倚靠。實際因而幾於成了一個實業。他常有使資本主義的國民，全部經濟生活成爲一個經濟組織的趨勢。工作的分業，這樣的分了又分，許多實業使他自己更只產生特殊的一種貨物；而更成爲全世界的生產。這些組織，有些地方，工人便已幾千。他常一天天更擴大。在這種情形之下，要想滿足自己需要，包括一切必需的實業，他的人數又必需與十九世紀初期所計畫的社會主義小組織不同了。在今天社會組織之中。只有一行東西可以有相當的人數，可以用爲相當的場所，去建設且發達社會主義的或協力的共同生活；那便是近代的國家。

實在生產及於有幾種實業的進步，是這樣大，幾個資本國家，彼此的關係這樣的深，一個人亦很難說國界便夠做協力的共同生活的最終界限。

然而還有一點事，很可提出討論：近今萬國交通的發展，由於現在生產狀況而然的地方，還不如由於現在剝奪狀況而然的多。　一國的資本主義越擴張，工人所受剝奪越利害。照一定的道理，在他本國所不能消費的生產品餘値越大，因而不能不送出外國。　若他本國的人自己沒有東西去買自己的生產，那便不管他們是不是需要，資本家甯可運出他的商品到外國顧主那裏。　所以資本家是看顧主意思做事的，不是看消費者的意思做事的。　這所以愛爾蘭與印度，自己人民大大飢荒，而仍有大量的麥子出口。　亦所以最近俄國大荒年，而俄國資本家運麥出口，非政府嚴令不能禁止得住。　果然剝奪的制度停止了，爲使用的生產將代替爲買賣的生產，貨物從一國到一國的出口入口數量必然大減。

現在國際間的交涉，不致全然消滅。　分工制度進行既遠，某種大實業爲他生產品所需要的商場這樣擴大，又如有些物品僅靠國際間商業所供給，如咖啡等，對人是這樣必要；那便要求協力的共同生活，能完全用自己的生產供給自己的需要，雖這共同生活擴張到一國之大，亦有些做不到。　一國與一國物產某種的交易，一定不能廢止。　然這種交易，如能所產生都是必要的，所交易都是剩餘的，這不致使各國經濟上獨立與安全生危險。協力的共同生活能擴張到一國之大，便能產生一切爲他自存的所需要。

這個範圍亦決不是一成不變的。近代的國家，只是資本家生產制的產物與工具。他的權力乃至境土範圍，都隨資本家生產制而生長。本國的商場，是每國家資本階級最安全的地方。他們在這裏最易保全自己，剝奪人家。資本制度越發達，每國家資本階級部分要求擴張政治境地的壓力，亦比例的長進。政治家說，近代的戰爭，再不是君主雄心的表現，再是國民雄心的表現了。這句話固然不很錯。但所說國民的雄心，須知便是說的資本階級的雄心。沒有甚麼東西傷害各國資本家的重要利益，比疆域的削小更很。法國資本階級，早便可以赦免德國一八七〇年戰爭他所需要的一・二五〇・〇〇〇・〇〇〇元的賠款；但他總不能赦免德國割佔亞爾薩斯羅連 Alsace-Lorraine 的事。

近代所有國家，都覺得有擴張境土的必要。美國擴張境土最容易，他實際不久將奄有全美洲。英國擴張境土亦容易，他靠海權可以不斷的擴張殖民地。俄國有一回亦在這方面享了大利益。但他擴張的最大限度，似乎到了。他現在四方都被抵禦他發展的國家圍住了。在這方面，運氣最壞的是歐洲大陸的國家。他們同別的國家一樣，需要境土的擴張。但他們彼此限制住了。他們若不損害別個，便發達不了自己。這些國的殖民政策，對於資本家生產制所發生擴張的需要，給了個不合宜的救濟。這種情形，是軍國主義發生最有力的原因。軍國主義使全歐化成軍營，這只有兩條路可以脫離這樣不可忍耐的情形一是大戰以毀滅幾個歐洲現存的國家；一是聯合他們一起成為聯邦國。

這已經足夠指示每個近代國家都有擴張領土以應他經濟發展的需要的願望。由此，所以每個國民他總要求他的領土盡力擴張，以足夠供給他將來協力的共同生活的需要為止。

四　國家在經濟上的價值

一切社會，都有不可不盡的經濟職務。那便我們在歷史範圍中，找得出來的最初共產團體，一定亦是這樣，不待煩言而解。個人的小生產生產工具的私有，為買賣的生產，既經過他相繼的發達；一大些社會的職務任，比例的逐漸發生了。去盡那種職務，或者加增了個人實業的權力，或者從始便把執行職務看得太重要，以交於個人專斷的行爲。　與招呼老幼貧病的人（學校醫院孤老院）担任的社會保存了促進而規畫商業的職務，如築路鑄錢管理道路等。　又保存了管理公共重要關於生產的事。　中古的社會，這些職務交付於城鎮，有時且交付於宗教機關。　中古國家不很關心這些職務。　但國家成爲今日的方式，那便是說成爲官與兵的國家，成爲資本階級的工具，這種情形便都變了。　像以前的國家一樣，近代國家是階級專制的工具。　但非解散或剝奪那些立於資本主義以前的社會組織上的經濟機關的獨立，而自奪其職務，他便不能盡他的職務，滿足資本階級的需要。　便在那些近代國家，讓中古組織繼續存在的地方，這些組織亦漸毀壞，而不能行其職務。　然這些職務，因資本制度的發達，而漸擴展。　他擴展得這樣快，國家乃不得不起而擔任那些雖他極不願擔任的職務。　例如因有管理全慈善機關全教育機關的必要，使國家在許多情形之中，不得不屈服於這種情形。　最初他要擔任鑄錢，其次植林，供給水料，築路，逐漸都成爲國家管理的事。

有時資本階級的自信，使他想得他們能脫離國家的經濟行爲的干涉。　國家僅看守着他們國內外的平安，禁制勞動家與國外競爭者，但不致干涉到至經濟生活上面。　資本階級自然有理由願這樣，但資本家的權力無論怎樣大，國家的權力總不僅使國家足以供給資本家而止。　雖然資本階級實際沒有競爭人與他爭主權的時候，國家的權力很對資本家表好感，然官吏每會成爲資本家不合宜的朋友。

　資本階級對於國家干預一國經濟生活的敵視，在英國所謂曼徹斯德派Manchestr School已首先實現了。　資本階級最先用這派的學說，爲武器，反對勞工運動。　所以無疑惑的，許多社會主義的工人，都以爲主張這派學說；與主張資本主義是同樣的一件事。　而社會主義國家干預一國經濟事業，亦是同樣的一件事。　無疑的這樣的工人相信推翻曼徹斯德派學說，便是推翻了資本主義。　自然是不錯，曼徹斯德派學說，恰恰是資本家於合式時用以反對工人或國家的學說。　但從他學理的實驗究竟保住了他自已的地位。　現在他更不影響於資本階級。　他所以衰歇的，由於經濟與政治的發達，促進了國家權力擴張所必要的更大勢力。

職務一天天加增了，不僅國家從始擔任的職務擴大了，新職務亦從資本制度裏生出來。這些職務，是往代所夢想不到，而今日乃影響於全經濟制度的事。　從前政治家最要是爲外交家，法律家；現在他們却必須而且應當爲經濟學家。　條約與權利，古史與舊案，在今天解決政治問題，都不是重要。　經濟的原則，成了主要的辯論。　今天政治家所最關心的事，是甚麽？　不是理財，殖民政策，稅關，工人的保護與保險麽？

而且亦還不是這些經濟的發達，使國家一半因於自衞，一半因於更求能盡職務，一半由於加增他的稅款，他把更多的職務與實業，收到自己手上？

中世紀的時候，治者主要的收入爲田地的財產。　十六七八世紀中，他的財產，因刦掠教會，及其他產業而大增加。　同時因金錢的需要，使治者不能不賣他的田地於資本家。然卽至今日，許多歐洲的國家，仍能在他治理範圍之內，找得出留存有很多國有的田地與鑛山。　而且因軍國主義的發達，又加了兵工廠，軍港，商業的發達，又加了郵局，鐵路，電報。　最後，因國家方面更需要錢了，所以歐洲各國發生各種國家專利的事。

國家經濟的職務，與經濟的能力，既如此逐漸的增加了；全經濟組織變爲更複雜，更易受搖動。各個資本家的事業，如我們所見的，比例的更相互倚賴。與這一路的，亦使資本階級倚賴最大的資本組織，——國家或政府。這更密切的倚賴與相互關係，同時亦加增了影響於經濟界的擾亂。因須從這些擾亂得個救濟，這最大的現在經濟勢力，國家或政府。漸更接受了資本階級的這項請願。所以在近代社會中，國家是被敦促以一天天參預更多的經濟事業的規定與管理。而他所得自由處置以盡這種職務的工具，一天天更強大。國家經濟的萬能，曼徹斯德派所以爲社會主義的烏托邦的，現已發達到這派學者每人的眼中，成爲資本家生產制不可免的結果。

五　國家社會主義與社會民主主義

近代國家的經濟活動，是發達到協力的共同生活自然的起點。但亦不能說每個經濟職務或實業成爲國家的便是進了協力的共同生活的一步。協力的共同生活，不能是把一切實業統收爲國家的，而不改變國家的性質所能有的結果。

以一切國有便可以實現共同生活的，是國家社會主義者，這由於對於國家本身的誤解。現在的國家，像以前的政治制度一樣，主要的是用以保存治者階級的利益。這種色彩，是無法改變的。雖我們假定國家有普遍的實利，不但於治者階級爲然、於全政治團體亦爲然；但仍無改於那種色彩。近代國家所以來做這種職務，常僅因爲不這樣做，治者階級的利益便會因社會全體的幸福而受危險。但無論何時，他總不會亦不能夠去做這種職務，以至危險到資本階級的主權上面。

近代國家，他把某種實業收爲國有，不是因爲限制資本家剝奪的原故；乃是保護資本制度，使他站在更穩固的基礎上的原故。或者是爲他自已要加入剝奪勞工的事業；以加增他自已的稅款，靠這減少他自已維持的費用，可以不致將這費用加到資本階級的原故。在剝奪勞工一方面，國家比一切私人資本家更優越；除了資本家經濟能力以外，他又能把他已經運用了的政治權力，加到被剝奪階級身上。

國家收實業爲國有，總不會亦不願超過治者階級利益所需要。有產階級一天是治者階級，那便實業與資本家職務的國有，總不能進行到有害於資本家與地主，或限制了他們剝奪勞動者的機運。

若非勞動者工人成爲治者階級，國家將永爲資本家的機關。只要一天是這樣，他總不能化爲協力的共同生活。

由於認識了這件事，社會黨乃決定了一種目的；便是喚起勞工階級完全爭得政權，靠政權的幫助，他們可以變國家爲自給協力的共同生活。

社會主義者每被人責爲無一定的目的；只知批評人家，自己不能做事；只知要推翻現制度，不知用甚麼代替他。然而就事實說，現在有甚麼政黨有社會黨這樣明確的目的？實在我倒要問別的政黨，果然有甚麼目的沒有？他們雖都看見現存制度是不能保存，不能忍受的，他們都主張維持現制度。他們的黨綱，沒有甚麼；只一點補綴方法。他們想靠那盼望能使他變爲能保存能忍受的而已。

社會黨却不然：他的事不僅是靠一個盼望，是靠經濟發達不可改變的必要。凡說這個目的是不可信的，應該指出來社會主義的政治經濟學說，在那一方面是不可信；應指出來從小生產發達到大生產的學說，是不可信；今天的生產事業，與一百年前的是一樣；今天一切事物，與從來沒有不同。亦只有他應當信一切事務，將來亦永遠與今日沒有不同。但一個人的腦筋，若不致昏亂，到相信社會的情況是永遠一樣的，那便亦不能有理由假定現在的制度將永遠不變。然則有甚麼別的政黨，比社會黨還能指出他將要而且必須變成甚麼樣子呢？

一切別的政黨，僅僅靠現在制度吃飯。只有社會黨對於將來有一個定的目的。他的現在政策，是被一種普遍的一定的目的所指揮。那些頑固小眼孔的人，他不能看，亦不願看這些事。所以他們說，社會主義者除了要毀滅現行制度以外，不曉得他需要甚麼。

六　將來國家的搆造

我們的目的，不在把資本階級所努力去反對社會主義的一切反對論調誤解與謬論一一加以剖示。要想開導愚惡的人，是無益的事。社會主義者不能使他自己疲精勞神去做這種事，而且他們亦從未做過。

然而有一種反對論調，必須駁斥。　他的重要，值得詳細討論，　打破了他，可以使社會主義的論點與目的更加明確。

我們反對的人說，協力的共同生活計畫，若世間沒有圓滿方式，而未經試驗得見他的好處，那便總難望人家採用爲有智識人努力的目的。　他們說，沒有有知識的人肯在他沒有完成他的計畫，沒有得經驗家贊成以前，肯起手建造房子。　他更絕對不肯在他不知道他還有甚麼地方住以前，把他自己的住房拖倒。　所以他們說，社會主義者必須拿出他們對於未來國家的計畫來。　若他們不肯，便知道他們自己亦不能很信社會主義。

這個反對論調，似乎很可喝采。　他是這樣値得喝采，所以好多社會主義者，亦是這個意見，說發表這種計畫是必要。　自然在社會進化的法則未經被人知道以前，這種計畫似乎誠有預先決定的必要。　因爲那時以爲社會的方式，與房屋一樣，是可以隨人意建造的。　今天亦還有人說甚麼「社會的建造」。

階級爭鬥

社會進化論，是近代的科學。 從前經濟的發展，進行得慢，所以不甚考察得出來。那時人類雖幾百年幾千年沒有甚麼大的變更。 在俄羅斯的鄰近，有地方現在用的農業工具，與歷史初期所用的沒有甚麼分別。 所以在某時期存在的生產制度，對於那時期的人民，似乎是不可改變的制度。 祖與父既在那種制度之下從事生產，那便子孫亦應一樣的進行。自然人想得他所生存的社會組織，是永存的，上帝建造的。 去設法改造他，是干犯神靈的國家戰爭與階級戰爭，雖似乎發生很大的改變；但除了略影響於事物的皮毛，似乎再沒有甚麼影響。 這樣的擾亂，自然亦要影響到根基上面。 但這種事實，非站在這事中間的個人觀察者所易看得出來。 歷史主要沒有甚麼，只是這種觀察者所報告的多些少些誠實的編年事實所以歷史亦多半靠不住。 雖然每個人把古時候幾千年的事一縱觀，總可清清楚楚的看出社會的進化，但尋常歷史家都看不出來。

非至資本主義生產制的時期到了，社會進化進行得這樣快，人類看他不出來。 自然人類最先想從事物面子上考察出這進化的原因；但從面子上看的，只看得出決定進化直接路程的勢力。　這不是生產情形的改變，是人類意思的改變。

資本制度發達了，他為那些倚賴資本制度的人，如資本家勞働家等，建造了許多新需要；完全與有關於地主的生產制度的人所需要不同。　因有這種不同的需要，亦發生與之相應的不同的是非利害，必要不必要的意思。　資本制度生長，於資本制度有分的階級更出了頭，那種相應於生產制度的意思，比例的更明顯施展他自己於政治上，致他影響於社會生活上，一直到後來所做成的新階級佔取了國家，順他的需要而自由規畫他。

有些開始想考察社會發達原因的哲學家，他想得這原因是人的意思。　在某種程度之中，他們亦承認這些意思從物質的需要發生出來。　但還是對他們有個奇祕的事，，便是這些需要時時變遷。　這種變遷是經濟狀況的改變，便是生產制度的改變的結果。　他們起始存一個觀念，說人的需要，是人性，是不可變遷的。　所以他們只能看見唯一真的，自然的，公正的社會制度。　因為只有一種制度能合於真正的人性。　他們說一切別的社會組織，都是人類未能早些確知他們的需要時所發生精神作用的結果，他們想得人類的判斷力，常常易被蒙昧。　有些人想得這是由於人類自然的愚昧；有的人想得這是由於君主牧師的蠱惑。他們從這一點，看社會發達，似乎是思想發達的結果。　人越聰明，他發現合宜於人性的社會方式越快，社會越公道越良善。

　　這是我們所稱爲自由思想家的學說。　他們勢力所在的地方，這種見解很流行。　自然在十九世紀出現的第一個社會主義者，亦在他勢力之下。　所以亦想得資本主義國家的組織，由於前世紀哲學家腦筋中生出來。　但是這些社會主義者很明白資本制度，不是如十八世紀所盼望的一個完美東西，所以這個制度在他們想還不配做眞制度。　十八世紀的哲學家，必定有點地方弄錯了。　早年的社會主義者，使他們自已去找這個錯。　他們又去找眞社會制度，那便是說完全合於人性的社會制度。　他們確見他們必要過細規定出他們的計畫，比以前的人所規定要更過細。　不然，一些別的不幸的勢力，會打消他們的力量。　這進行的方法，更是受了周圍境況的支配。　早年的社會主義者，他不像以前的人一樣，站在將要倒的社會制度面前；他亦沒有像以前的人那樣。有以推翻現制度爲利益的有力階級加他以鼓勵。他們不能說他們所爭求的社會制度是不可避免的，他們只說是願意建造的。所以在他們的情形中，他們必須把這個意思盡力說得極明極顯的個樣子，使些人聽得垂涎，沒一個人疑惑他的可能或値得願意。

社會主義的反對論者，還沒有跳出一百年前社會科學所佔的範圍。他們所曉得所能懂的唯一社會主義者，便是那些與他們從一樣的大前提發出的早期烏托邦社會主義者。反對社會主義的人，他看得社會主義的共同生活，恰恰像他看資本家的企業。例如股票公司，在發起的時侯，他們若沒有看見這事業可辦而有利，他便不肯加股一樣。這種觀念，在十九世紀初期，還有些不錯。然而今天社會主義的共同生活，再用不着這些大人先生們的簽字允許了；

資本主義的社會制度，既這樣進行他的路，他的解散，現在只是時間的問題了。不可抵抗的經濟能力，引導資本主義生產崩壞的運命確定了。用新社會制度代替現存的社會制度，再不僅是値得願意的，亦且成爲不可免的了。

今天無產的工人團體，一天天更大更有力了。現存的制度，在他們是不可忍耐的東西。社會無論怎樣崩壞，他們失落不了甚麼，而可以得着每件東西。他們若不願意與他們佔最重要部分的社會一同沉淪，那便定須求那適於他們利益的社會制度實現。

這些話都不僅是空想。社會主義者在我們的生產制度實事中，都指了出來，這些事實，比一切將來制度最光明的圖畫更說得明白確切。那些圖畫所能指出的，最多是說社會主義的共同生活，不是不可能；但他們還是有缺點，他們不能把一切社會生活的詳情，包括在內。他們常常讓許多空隙存留着，反對的人從那裏可以提出他反對的論調。但指出他是不可免的，那便靠他指示出來，他不僅是可能的，而且是惟一可能的事。實在假如社會主義的共同生活是不可能，那便人類將中絕了一切更遠的經濟發達。在那種情形中，近代社會要崩壞，像差不多兩千年以前的羅馬帝國崩壞一樣。結果回頭到野蠻生活。

資本主義的文明，决不能如今天的樣子永久存留下去。我們必定要移上前到社會主義裏去；不然，便落下後到野蠻生活裏去了。

知道這種情形，便可知道用眩耀人的圖畫去盡力轉移社會主義的仇敵，完全是不必要對於近代生產制度的進行，不能使他覺得社會主義的共同生活的必要者；你要去讚美那還未發生；他不能見不能懂的一種制度，他會完全聽不見。

而且建設將來社會制度立脚的一種制度，已經變成不但是無目的的，而見就近代科學眼光說，還是完全無可調和的。 十九世紀之中，在經濟界而且在人心中一個大革命發生了。考察社會發達的原因，有了偉大的進步。 回溯四十幾年前，馬克斯，昂格斯 Engels 指出來在最後的分析中，人類的歷史不是由意思所決定；是由於順從某種隱藏的法則，而不是順從某人的願意或幻想的那樣一種不可抵抗的經濟發達所決定。 在前章我們已經看見了這件事是怎樣進行；怎樣引出新生產方式，因而需要新社會方式；怎樣使人類發生新慾望，使他不能不回頭影響到社會狀況，而想出使社會適應於生產進行相合的新制度。 因為我們總記得這種適應的作用，自已不能進行，他必須要人類腦筋的幫助。 沒有思想，沒有意思，便沒有進步。 但意思不過是社會進化的工具。 第一個動力不是從意思發生的，如以前一些人所相信，現在仍然好多人那樣的所想一樣。 第一個動力，是從經濟狀況中出來。

所以不是思想家哲學家決定社會進化的趨向；思想家所能做的，是發現，是認識，是引導。 他們能做這些事，比例於他們對於進行的狀況懂得明確的程度而定。 但他們不能自已決定社會進化的路程。

雖然認識社會進化的趨向，亦有他的限制。 社會生活的組織，是極複雜的。 雖至於最明白的聰明人，而從各方面懂得他，在他裏面計算一切活動的力量能很精確，以至能使他精確的預告社會方式將要因這一切勢力聯合的行動結果成爲甚麼樣子，都是不可能的事。

一個新社會方式，不是幾個特別優越的人的活動。所能求他實現的。 沒有人，亦沒有一羣人能想出個計畫；把他的好處一步步曉示民衆；當他們得着了必要的力量時，從事照着他的計畫以建造社會。

一切社會的方式，部是由於長而無定的爭戰而生的結果。 被剝奪的人與剝奪者戰。墮落而圖反動的階級與進步而謀革命的人戰。 在一切戰爭之中，各種階級化成爲各種形式的聯合，以與反對方面戰。　被剝奪者的軍營中，有時包含革命與反動兩種原素。　革命者的軍營中，有時包含剝奪者與被剝奪者兩方面。　在一個階級之中，常常依個人或全部分的智識性情或地位，而成爲種種分裂。　最後，一個階級所有的權力，總不能永久。　每個階級看他懂得周圍的情形，看他組織的合宜，與人數多數，看他在生產機關所佔地位重要的加減，而升起或墮落。

在這些階級不定的競爭中，老些的社會方式不能維持的，便被新方式把他推倒了。　取老社會方式而代他的，不常是最好的社會方式。　要使他成爲最好的社會方式，將不得不求有獨佔的政治權力，與他們社會情形最完全的了解。　若不能這樣，總不能免錯誤。　一個新社會制度，若非全部分不可維持，亦許一部分不能維持，與推倒的社會制度一樣。　這不是不常有的事。　然而經濟發達的壓力越强，他的需要越明顯，革命階級能做他們所需要的事的力量越大。　革命階級的組織，其違反經濟發達需要的便敗壞被人忘記了。　那些必要的組織，即刻根深蒂固了，不至於爲舊制度的贊成者所毀壞。

由這，一切的新社會制度發生革命的時代。與別的社會發達的時代不同，僅因在革命時代的發達現象，進行得非常的快。

所以社會組織的起原，很與建築物的起原不同。事前的完全計畫，是不能應用於社會的建造。由這一點，所以寫出將來社會情形的計畫，那只算與預先寫未來的戰史一樣聰明的事。

然而事實的進行，不是毫無所賴於個人。每個這社會上活動的人，對社會都多少生些影響。亦有幾個人特別因爲他能力或社會地位的優越，能給全國民很大的勢力。有些人靠啓迪人民以促進社會的發達；建造革命力量，使這種力量勇猛而審慎的實行出來。別的人把他的力量用在反的方面，阻礙了許多年的社會進步。前者是被社會進化論所激勵，想減少進化所需要的痛苦與犧牲；後者恰恰相反，想把痛苦與犧牲更加增些。但無論是最强大的君主，或者最聰明最仁慈的哲學家，沒有人能隨意決定社會進化所將取的方向，而精確的預知這種進化所將採的新社會方式。

所以很少東西，比這種需要社會主義者描寫他所爭的共同生活還兒戲。這種需要，除了社會黨以外，別黨都沒遇見。他既是這樣兒戲的事，若不是反對社會主義的嚴重提出的一個反對論調，他簡直值不得我們太多的注意。

人類的歷史，亦總沒有一個革命黨能預先看見，單獨決定他所爭求新社會制度方式的事。若進化的原因，真能決定引入這種新社會制度到一種結果，是政治活動所自覺的，而非莫之然而然的，那便人類的進化將大多了。社會黨亦一樣不能預定將來的事。然而政黨能深銳的考察當時社會的趨向，而完全懂得他，還沒有趕得上社會黨的呢。

這不定是由於社會黨的才智，亦是由於他的好機運。他所以佔上風的，因他站脚於資本家政治經濟學的肩上。這是第一個科學的社會關係與狀況的研究。這種究研的一個結果，是使推翻地主生產制度的革命階級，對於他們社會地位有更清楚的觀念，比以前別的革命階級少受些由自欺所得的痛苦。但社會黨中的思想家，把這種社會關係的研究更引進了一步，他們的研究比資本家的經濟學者更深邃。馬克斯大著資本論，已經成了近代經濟學的明星。 不但他的著作高過於魁斯雷 Quesnay 斯密亞丹 Adam Smith 李谷多 Ricardo，今天社會主義者的著作，在思想清晰方針確定的那方面，亦都高過於十八世紀末十九世紀初的革命階級。 若社會主義者不肯把未來的共同生活預先告知大家， 資本家的著作者沒有理由，便譏笑而斷定我們不知道我們追求的是甚麼事。 社會黨對於將來，比今天社會制度的找路的人，究竟有更清楚的眼光。

我們已經說了，思想家能夠發現他當時經濟發達的趨向，但他不能預先告訴這種發達將要即刻現出怎樣的社會方式。 我們只一瞥現在的狀況，將證明這見解是不錯。 資本主義生產制度的趨向，在資本主義盛行的各國是一樣；然而英國與法國，法國與德國，美國與其他各國，政治與社會的方式，却大不同。 又被現在生產制度所引出的勞工運動歷史上的趨向，各處是一樣；然而這種運動顯現的方式，亦各國是一個樣子。

資本主義生產制度的趨向，今天是很被人知道了的。 然若非這種趨向沒有改變，沒有人敢預告十年二十年三十年以後，社會將成甚麼方式。 偏仍有許多人要社會主義者詳細描寫在現在生產制以後，將來發生的社會方式豈不可笑？

然而亦不能說社會主義者不肯描述未來的國家，及計算引導到那裏去的時力，那便一定要說他們一切關於社會主義者的社會思想，都是無益有害的事。　無益有害的事，是做一個積極的議案，硬要照着建造個社會主義的社會。　凡陶冶社會狀況的議案，非到了完全能管理能了解社會狀況，不能做出由這，所以社會主義者只爲現在社會制度提積極的議案；比這遠些的提議，不能證以事實，只好從假設上立論。　所以這只是幻像，夢想。　最好亦不能生何結果。　這種發明家，若是有力而神智，足以影響羣衆心理；然而惟一的結果，只是寃枉消耗了時候同力量。

然而我們不要把這些幻想，與那些考求決定當經濟發達從立足於資本主義到立足於社會主義時侯，他發達的趨向，弄混了在這種考求之中，沒有甚麼對於將來計畫的問題。　但因研究一定的事實，自然發現了科學考察所得的結果。　這種考察不是無用。　我們看將來越清楚，我們現在越努力。　最著名的社會主義家，做了這樣的考察。　馬克斯昂格斯的著作中，包含這一種的許多研究的結論。柏倍爾 August Bebel 在他的「社會主義下的婦女」Woman Under Socialism 書中，亦說了這方面活動的結果。

每個有思想的社會主義者，大約都私自有他這樣的考察。因爲每個人能放箇大目的在他面前，他便會確見有必要知道清楚由那能達到目的的社會情形。這裏有很懸殊的意見，各種地位各種性質的人，他研究經濟問題，而見到各種不同的非資本主義方式的社會，特別是共產方式的社會。但觀察事物態度的不同，無關於社會黨的一致與統一。無論我們目的觀察是怎樣不同，只要我們眼光都是向着同一方向，而且是正確的方向，我們沒有甚麼分別。

這裏我們可以停止不再說下去了對於社會主義的共同生活許多錯誤見解，都是由於烏托邦派傳衍下來，或是文人的胡說。這種進行方針，自然有許多令人不願意。我們只從他們中間一點指示我們經濟的進步，可以自己造出社會主義的共同生活便夠了。

七　打破家庭

反對社會主義最廣大的偏見，卒足以爲社會主義是要打破家庭的見解。

沒有一個社會主義者有那遼打破家庭的見解。　便是說，用法律或武力解散他。　只有最粗淺的錯解，會把社會主義看成這個樣子。　而且他們想得家庭生活，可用命令建設或打破，亦是一種蠢見。

近代家庭形式，並不反對於社會主義的生產制度。　所以社會主義的世界，並無打破家庭的需要。

所以使近代形式的家庭生活被打破的，不是協力的生產使然，乃是經濟的發達使然。我們在別章已經看過，在現制之下，家庭怎樣破裂，夫婦子女怎樣分散，獨身與賣淫怎樣成爲普遍風習。

社會主義的制度，不是要遏抑經濟的發達，乃是要給他一個新動力。　經濟的發達，將從家庭工業的圈子裏，進到成爲一個個的專門實業。　將來的進行，仍如己往的一樣。　他影響於婦女身上，是不待說明的事。　婦女將不復爲個人家庭的工人，將成爲大工廠的工人了。　但在那個時候，不是像今天一樣的這種改變，只是由家務奴隸變成賺工錢的奴隸；不是像今天一樣從他家庭保護之下趕了出來，放在暴露無助的勞動家地位。　婦女因與男子在協力的大工廠同時作工，故婦女與男子平等。　在羣衆生活中，有同一的權利責任。　他將與男子的自由同伴，不僅從家庭奴隸方面解放了，亦從資本主義的奴隸方面得了解放。　女子既與男子平等，爲他自已的身分，他即刻會把法律所許或不許的賣淫事業停止。　這纔是歷史上第一次眞看見的一夫一妻制度。　以前只是虛僞的罷了。

這不是烏托邦的提議，這是根據一定事實的科學結論。　想推倒這種結論的，必須先不認這種事實。　既不能不認這種事實，那便那些老爺太太們，他不想曉得我們這方面的發達，只知道恨這些事，只知道靠一切謊語與悞解恭維自已的道德高明，這算件甚麼事？　他們所曉舌的，想延長我們不可免的進化一分鐘，亦做不到。

這是一定的，無論這種傳下來的家庭形式經過了怎樣的改變，這總不是社會主義，或社會主義生產制度的力量；乃是前世紀進行的經濟發達的力量。　社會主義的社會，不能阻礙這種發達；他所要做的事，只是從經濟發達中，把一切在資本制度下必然隨之而生的痛苦墮落現象除去。在資本主義生產制度之下，經濟發達就逐一破壞家庭束縛，而毀滅家庭生活的。在社會主義生產制度之下，現在所有的家庭形式都會消滅，而僅能被高尚些的形式所替代。

八　財產充公

反對我們的人，他知道我們所需要的，比我們更清楚。　他描寫未來的國家，比我們更精確。　他亦說社會主義要能實行有效，必須把財產一齊充公；不僅房屋田產，乃至多餘的家具，銀行的儲金，都要無報酬的充公。　次於說我們想強迫解散一切家庭束約的，這亦是他們玩我們的把戲。

社會黨的黨綱，並沒有說到充公的話。　他這並不是怕說了出來，人家見怪；只是因為這是說不定的一個題目。　所能一定說的，只是經濟發達的趨向，使社會有操有而應用生產工具的權柄。　用甚麼法子由個人私有變到公有？　或者這個不可免的改變，要用充公的法子：或者是平和的充公，或者是強迫的充公。　這個問題，沒有人能答應。　過去的經驗，在這件事上不能給我們甚麼光明。　這種改變，可以像從地主制度改到資本制度時，各國有各樣的法子。 這改變的樣子。全恃那時所受的一般周圍境況的影響而爲變移，而那時的周圍境況可就不能預知，例如有關之各階級的能力及知識將來能到如何情形，現在就無統計算起了。 在歷史的發展，每每倒是想不到的意外事站了最重要的地位。

自然不消說得，社會黨亦惟盼這種大工業不可免的公有，執行起來，盡量求其少些挫折；用平和的法子，得全部人民的同意。 但歷史的發達，進行他的路程，並不問社會主義者怎樣願意，或反對他的人怎樣願意。

但沒理由去說社會主義者黨綱的實行起來，無論在何種財產必須公有的情形中，惟一的只有沒收充公一法。

然而可以說經濟發達，使沒收現存財產的一部分成爲必要，這是一定的了。 經濟發達，只要生產工具爲社會公有，他不管那一部分歸於個人私用的財產。 這不僅應用於食物器具等，我們前章談到了儲蓄銀行，他亦是把非資本階級的財產集收到資本家那裏去。 每個存款人的存款，分開說是太小，不能應用於資本家的實業；非到一些存款集了攏來，不能去供做資本之用。資本家的事業，越是一天天從私人事業成爲社會事業，銀行存款的人所能得存款的利息機會越少。結果將成爲不生息的捐款。這與把銀行存款充公，究竟是很不同的一件事。

而且資樸財產的充公，不僅是經濟的不必要，而且是政治的不可能。這些小存款多半從被剝奪階級的衣袋中拿出來。靠那個階級的力量，纔引出了社會主義。只有那些想得這種階級是最不可靠的人，他會信他們將動手搶他們自己艱苦集蓄起來的存款，去重新得着生產的工具。

不僅社會主義生產的引入，不必要沒收不生產的財富，而且亦必要沒收一切生產工具的財產。

使社會主義的社會成爲必要的，是大生產制。協力的生產，亦需要生產工具協同的享有。但正如生產工具私有不能調和於大實業的協力工作，所以協同的享有生產工具，亦不能調和於小的生產。這裏，我們可以看見還要生產工具的私有。社會主義的目的，是放工人到那享有必要的生產工具情形中。　小實業中生產工具的沒收，將成了無意識的舉動；必至從他所有的人沒收了來，又去發還給他。

所以社會主義的社會，他的改變，不甚需要沒收小工人小農人的生產工具。　他不僅不剝奪他們甚麼，而且還給他們許多利益。　因爲社會主義的社會，他趨向於用爲使用的生產代替爲買賣的生產；他必定要努力改變世界上一切欠款，（如稅款，國有財產，典當的利息，倘這些事還不能完全免掉），從付金錢到付出產品。　付金錢便加增了農人很大的負擔。付出產品原是今天農人用許多法子爭求的，但在爲買賣的生產之下，那是不可能的事。只有社會主義的社會，能引上這一步。　由這便除掉了農業敗壞的主要原因。只有資本家沒收工人農人所有的，社會主義的社會使這種沒收不能繼續下去。

自然社會主義不能使經濟發達再不繼續下去。　而且他還是惟一的工具，在某一點外，保證他的進步。　社會主義的社會，亦如今天的社會一樣，大實業要越發達，越吸收小實業。　這裏論到家庭與婚姻，結論亦仍是一樣可信。　進化的方向，仍是一樣的。　不過社會主義移去了在近代生產制下與社會進化相隨的痛苦可怕的現象。

今天小農人小生產者從他小生產地方的工人地位，變到大生產的工人地位：意思便是從有產者變到勞動者的地位。 在社會主義的社會中，凡成爲大而社會化的實業中，工人的小農人小技手，都將成爲大實業一切利益的有分者。 他的地位自然好多了。 他的從小實業改到大實業，豈是由有產者變爲勞動者之謂；簡直是從小產業主成爲大產業主而已。

小生產制是要消滅的。 只有社會主義的制度，能使農人手工人成爲大生產利益的有分者，不致使他墮入勞動階級。 只有在社會主義制度之下，能使工業農業的小生產者不可免的崩壞，得着改良他們境況的結果。

經濟發達的大發條，將不更是競爭以擠下而沒收那些落後的人的產業；乃是一種吸力，較發達的生產方式，藉這把較不發達的吸引上去。

這種的發達，不但是無痛苦，而且進行得比由競爭驅策所得的進行更快得多。 今天因要引入新而高些方式的生產，非毀滅沒收低些方式的業主，非發生痛苦及剝奪的事，到多數因這個新工具而成爲無用的工人身上不可。　所以每個經濟的進步，常常碰着頑强的抵抗。我們雖在各方面看見許多生產者固執要保守老生產方法，拚命出力去維持他；然而從來沒有看見過像今天生產制這樣革命的性質，亦從沒見過甚麼革命能在一百年人類一切的活動中這樣的完成。　但是究竟不是還有許多老制度的古跡，過了時代的生產，還存留着麼？

一天能不怕失了獨立實業會成爲勞動家。一天能消滅了，因社會公有的大生產制將利益於一切的人，而反對他的偏見。　那亦一天能每個人分享這種利益。　非狂恐的人，必不肯費力去保守舊生產制度了。

資本家主義在一百年中，不能完成他吸收過了火的小生產的事。　然社會主義的大生產制，將很短時間便能完成他。　他的完成，不靠沒收，靠改良工業方法的吸引力量。　在農業生產還不是爲買賣的生產，普通多係爲使用的生產的地方，小農業在社會主義的社會中將繼續存在一些時。　最後，協力大生產的利益，仍會被這些地方的人看出來。　這種農業上由小生產到大生產的變遷，將因城市與鄉村相反現象逐漸的消滅，將因工廠漸設立於鄉村裏去趨向，而變得越快越容易。

九　未來國家出產品的分配

還有一點最重要的一點，我們須加以討論。　人家常問社會主義者的，是你們怎樣去分配那財富呢？　怎樣使每個人得着平均呢？

「分哪」這個觀念從分非律斯丁的發起，他們所有社會主義的觀念，就與這個話為終始。便令在文明的人中，這個觀念以為社會主義的目的，只在分全國財富於國民的仍然極為流行。

雖然社會主義者的方面，有許多爭辨與證據；這個觀念仍然盛行。　這不僅由於反對者的故意為難，亦一大半由於他們不懂得大生產制發達所建造的社會狀況。　他們的知識，一大半仍限於小生產制時的見解。　從小生產制那一點，社會主義唯一可能的形式，便是分割。　這種分割的觀念，對於小商人小農人很習得慣。　從古代為買賣的生產起首的時候，有無數次當幾家漸積蓄而大富，把些工人農人化成了倚賴者的時候；這些工人農人因要改良他的境況，起來革命，趕走那些富人，而分割他的財產。 在法國革命的時候，他們在這方面第一回成了功，極着重私產權利。 農人工人及將成爲資本家的階級，大家起來分割教會的財產。「分哪」，這便是小生產制的社會主義。 這是社會的保守階級的社會主義，而非在大實業裏面做事的勞動家的社會主義。

社會主義者並不提議去分割，他們的目的，只在把現在散在許多業主手中的生產工具，集中到社會手上來。

但這不能解决「分哪」的問題。 若生產工具屬於社會，自然處置用這些工具所生的出產品的職務，亦屬於社會。 社會用甚麼法子分配他到一切的份子呢？ 將照着平等的原理呢？ 還是照着每個人所做的工作呢？ 若照每個人所做的工作，各種工作無論他是苦樂輕重生熟，是不是受一樣的酬報呢？

對於這問題的答案，好像是社會主義爭辯的焦點。 不僅是許多反對社會主義的人，常議論這些事，早年的社會主義者，亦在這裏用了許多心。 從傅利葉到費特林，Weitling從費特林到白蘭米 Bellamy 有一長條綫的各種不同的答案。 有許多答案還很巧妙的，亦不少積極的假設，有些簡單得可以實行。然而這問題其實並沒有普通所看的那樣重要。

從前有時把出產品的分配，看作完全與生產無關。 自資本制度的衝突與罪惡，最初由分配出產品的特殊方法中顯現出來，被剝奪者的階級與他的朋友，自然找出以為不公平的出產品分配，是一切罪惡的根。 他們求符合於十九世紀初期的思想，假定現在的分配制度，是時代思想的結果；特別是以為強制的立法制度的結果。 因欲消滅這種不公平的立法制度，他們所有需要的事，便是發明個更公平的法子，使世界確知他的利益。 公平的法子，只有與現在我法子恰恰相反。 「今天既為最不公平的法則所支配，那便應用為分配的根本原理的，必定是平等的原理」。 今天有些沒事做的人，發了大財；做工的餓死了。 所以亦有人說，「各取所值」。 （或者換句新式的話「各取他工作的出產品」） 但亦有人疑惑這兩種學說，他們信「各取所需」。

自從那個時候，社會主義者總眞知人羣生產品的分配，不是靠流行的法規而定，是靠流行的生產制度而定。全社會的生產，分配於地主資本家工人，在現在現生產制度中，是決定於他所有的土地資本勞力。自然在社會主義的社會中，生產品的分配，將不致仍由那些有關係人不自覺作用的盲目法律所管轄。今天大實業的生產，工錢的付給，都很嚴密的有個規畫。社會主義的社會，既無異一個偉大的實業事業。自然亦應用這個辦法。生產品分配的法則，將爲那些有關係人所規定；然而亦不是由他的高興去規定，必須絕對採用這個或那個原理，必須按着社會實際的情況。最要是按着生產情況而決定。

例如在某時期工作生產的程度，有大影響到分配情形上面：科學使實業有這高的生產力，每件是人所需的東西都生產得極豐富；這種時候自然容易應用「各取所需」的原理。但若生產力這樣低，費力太多而出產僅夠，那使這種極公平的原則，亦做不到。「各取所值」，是永做不到的。這樣一句話，除非假定眞能有把共同生活的全部生產品分配於各人的事，或者還有一點意思。這樣的觀念，正如一般人所以爲社會主義者大家所想促進的大均分觀念一樣，是從近代私產制度的特有思想方式中出來。在這時間，分配一切的出產品，是等於逐漸求生產工具私有的復辟。

社會主義生產的原理，只能用於分配一部分生產品。　一切需用於擴張生產的生產品，却不能分配；而且這樣生產品，必爲社會公用，以建設保存擴張公共的機關。

在今天的社會公共機關的數目與大小，已逐漸的增加了。　特別由於這種境況，大生產制壓倒了小生產制，他的進行極快不受限制。　這種發達，將在社會主義的社會中，更受個大激進。

能夠用爲私人消費，因之而成爲私產的生產品，其數量在社會主義的社會中，必比之在以一切生產品爲商貨私產的今日社會中，不可免的大減少。　社會主義的社會中，不是生產品的主體，乃是他的剩餘；受我們分配。

社會主義的社會，便這些剩餘亦不能自由處置。　生產的需要，亦隨他進行的途程而決定。　這種生產，常受變遷。　分配的方式與方法，亦因社會主義的社會各種變遷而決定。

只有完全的烏托邦派，想着有一種特別的分配制，要造出來，永遠的用下去。　在這些事上，與在別些小事上一樣，社會主義的社會，似乎是從資本主義的社會消滅了，突奔猛進造出來的一個嶄新世界。　社會主義的社會，貨物的分配，或有仍可繼續用於現行工錢制度下發達的那種方式。　無論如何，在最初多少總不免這樣。　正如給工錢的工作，他的方式因時而異，甚至因業而異，因地而異。　社會主義的社會生產品的分配，必亦因人口的需要，實業的歷史關係，所取方式各有不同。　我們必定不可想得社會主義的社會是固定的，一致的。　他當是常常發達，富於變化力的有機體。　因科學與技術的幫助，工作的分業，商務的往來，社會的治理進步了，而自然發達。

於「分哪」的思想外，又有「均分」的問題，最煩惱社會主義的仇敵。　他們說：「社會主義要每個人有全部生產品的平均一部分，勤者不能多於惰者；作苦工者不能受較優酬報過於作輕易工作者；抬木石的他只搬運材料，但他與建築家平等；這種情形之下，人人要盡力求做少些工作，沒有人願意做苦工；學問既不受尊重，沒有人研究他了，結果是社會回頭到野蠻狀況，所以社會主義是不能實行的」。

這個理論的謬誤，是顯明易見。　我們可以說的，若社會主義的社會曾經決定要每人收入平等，若這種結果將要如所先知的那樣可怕；那自然的結果不該說社會主義的生產應該捨棄，該說收入平等的原理應該捨棄。

社會主義的仇敵，要因收入平均而斷定社會主義不能實行，除非他能證明兩件事：

(一)這種平等，在一切情形之下，與生產進步是不可調和的。　但是爲生產中個人的活動，不僅靠他所得的酬報；亦還靠一大些別的情形，如職分的意思，雄志，人格體面等。這中間他們需要的報酬，沒有一件是可以預先決定的，只有揣測；而揣測常與社會主義反對者發表的意見結果相反。

(二)收入平等是對於社會主義的社會爲必要的，非這樣不成爲社會主義的社會。　但反對社會主義的人，亦不能證明這。　試一望各種共產的生產，從原始共產主義到最近的共產社會，可以知道他們應用以分配生產工具於羣衆的方式有多種。　一切近代給一定工錢的法子，論件數給工錢，論時間給工錢，給獎，這都可用於社會主義的社會中。　而且沒有一件這種法子，不在社會主義社會中站個地位。　因為那社會中人的慾望慣習，乃至生產需要，都會要求這種辦法。

但這不是說由這便收入平均，——不必定是說收入是一致的——便與社會主義的社會無關。　收入是一定會平均的；這不是由於普遍強制而人為的齊物結果，乃是社會發達的結果，社會的一種傾向。

在資本主義生產制度下有兩種趨向：是加增收入的不齊，一是減少收入的不齊。　便是，一是加增不平等，一是減少不平等。　由於社會中等階級的崩壞，個人機運的加大，資本制度把民衆與他在上者的空隙越弄大弄深了。　後來的居上，資本家乃比一切都上些。　同時還有個別的趨向，在民衆中間做工，漸平均他們的收入。　他把小生產者，農人同工人，擠到勞動階級去，至少把他們的收入拉到勞動者水平線上。　把勞動者自身的不同，都抹拭了去。　機器漸把原來勞動階級的歧異消滅掉了。　今天各階級勞工不同的工錢，不停止的活動，一天天向一致的一點走來。　同時教育界勞動者的收入，亦無可抵抗的降下去了。

衆收入的平等，反對社會主義者所深惡痛絕，以爲是社會主義目的的，在今天社會眼前已正在進行了。

在社會主義制度之下，那種趨向只是加甚不平等，只是由生產工具的私有發生出來的，自然不能存在。 但那種消滅不平等的趨向，却會得更强的表現。 這裏更可看見現在家庭制度的破壞，小生產制的墮落，仍是這樣的進行。 經濟發達的趨向，在社會主義的社會中，仍與資本主義的社會中一樣進行。 只表現得很不一樣。 今天民衆收入的平等，是由高些收入的人壓迫低級人的結果；社會主義的社會，自然反過來，是提高低級人的收入，到高些收入的人一樣。

社會主義反對者，威嚇小生產者及工人說，若把現在有錢的階級的收入分給窮人，想大家分得工人階級與中等階級現在平均的收入都不夠；所以要求收入的平均，只索性把生活狀況弄壞了。 結果，如要收入平均，上等的工人小生產制，亦只有捨棄他收入的一部分，去給那些窮人。 所以他們在社會主義中無所得而反有所失。

這些話中間所包含的眞理，是說可憐的窮人，特別是那些下流勞動者，今天是多極了，他們是不得已極了。便把一些富人大量的收入分給他們，亦未必能使他們有個稍爲寬裕的工人生活。但這是不是足爲維持我們光榮的社會制度的理由，倒還是個疑問。我們的意見，反覺得有這樣的一個均分，究竟減少得他們一點的窮困，究竟總上前了一步。

然而我們沒有「均分」的問題，只是說生產工具總得有個改變。資本主義生產制度變爲社會主義生產制度，結果一定可以引起生產的財富數量很快的增加。資本主義爲買賣而生產的制度，在今天妨礙了經濟發達的進步，阻礙了隱伏於社會中生產能力的圓滿擴張，這總不是看不見的事。他不僅不能在機械發達到可能而且需要的時候、很快的吸收小實業；而且要雇用一切有益的勞力，亦復是不可能的事。資本主義生產制度消耗了這些勞力，把更多的工人趕到失業者，下流的勞動者，寄生者不生產的中等社會人的田地。

這種事情社會主義的社會，自然不能有。他不能使一切有益的勞力不成爲生產的能力。他會加增生產工人的人數，甚至於到幾倍。像這樣做，他每年比例的使所生產的財富亦加增幾倍。　這種生產的加增，不僅能提高最窮人的收入，而且提高了一切工人收的入。

　而且社會主義的生產，既能促進大生產的吸收小生產，而加增工作的生產力；那便不但加增工人收入是可能的事，縮短工作時間亦是可能的事。

　由這，所以說社會主義是乞丐的平等，是一句蠢話。　那不是社會主義的平等，是近代生產制的平等。　社會主義的生產，必定不可免的要改進一切工人階級，包含小工人小農人等的生活狀況。　按着那種由資本主義到社會主義的變遷，所受影響的經濟狀況，這種生活的改進可多可少。　但無論如何總可令人注意，每個進一步的經濟發展，總發生公共幸福的增加，不是像今天一樣反把公共幸福弄壞了。

　這一種收入趨向的變遷，在社會主義者眼中，比絕對的收入增加更重要多了。　有思想的人，未來的生活更重於現在的生活。　未來的禍福，在他心中比現在的享受更要緊。　決定個人乃至全國家幸福的，不是現在制度是怎樣，是他將要成爲怎樣，是他有個甚麼趨勢。

　所以我們又可懂得一種別樣優點，是社會主義的社會，比資本主義的社會强些的。　他不僅給人類大些的幸福，亦給了生活的安定。這種安定，是現在最大的機運亦不能擔保的。若說大些的幸福，只是有益於今天以前受剝奪的人；那便生活的平安，是給現在那不需要大些的幸福，亦不能有大些的幸福的剝奪者一件禮物。不安定是貧人富人一樣感覺的痛苦。他比缺乏貧困或者還要難受。一念及於他，使那些還無缺乏的人，不能不嘗那缺乏的苦味。這是個最喜聚集，最富者宮室中的幻象。

一切有眼光的人，都看熟了，共產的社會中，無論是在印度法國美國都有那種可注意的，那種特屬於他們的平和信任平等的情况。他們沒有市價升降的煩惱，自已有生產工具，自已可以自給。他們照所需要的規畫工作。他們預先知道他們所盼望的。但這種共產社會，還遠不配說是十分安定。他們管理自然的力量很微，而社會亦很小。若不幸牲畜病倒了，禾稼荒歉了，水旱等災患來了，全部便受他的打擊。但社會主義的共產以國家的疆界，以科學的結果為幫助，他的立腳是比較何等的堅固呢？

十　社會主義與自由

社會主義的社會，將供給人民以幸福與安定。　反對社會主義的，亦許多人承認他。他們說：「但是這種利益的代價太貴了，他的代價是完全失却自由。　在籠子裏的鳥，可以有每天足夠的食物，他不致餓餓及受氣候的惡影響。　但他失却了自由，成了個可憐的東西。他仍盼望有機會在外界危險之中，去自己爭存去」。　他們主張社會主義毀滅了經濟的自由，工作的自由，引入了專制制度。　他們以那絕對無限制的主義為自由。

這種怕為工作奴隸的恐怖心，如此之大，雖有些社會主義者，亦因這樣想而成為無政府主義者。　他們怕共產如怕為買賣的生產一樣很。　他們想用這兩件事，逃避這兩件事。他們既要有共產，又要有為買賣的生產。　這在理論上似乎很荒謬的，實際不過想建設些自願協力互助的社會而已。

自然社會主義的生產，與工作的完全自由，是不能調和的事。　那便是說，不能讓工人隨意自由的找個地方用個法子去做工。　但這種工人的自由，與無論甚麼有系統的協力工作方式，無論是資本主義的或社會主義的，都是一樣不可調和。　工作的自由，只在小生產制時能有；而且在小生產制中，亦只到某一點便亦不能有了。　便小生產制脫離了一切限制規定的地方，個別的工人仍須倚賴於自然的或社會的狀況。　例如農夫倚賴氣侯，工人倚賴市場情形。　然小生產制還可與人以某程度的自由，這是小資本家所能有的一個最有革命性的理想。　一百年前法國革命時，這理想以工業狀況為論據。　今天沒有經濟上論據了，但這理想還固守着那些不能看見經濟革命已經發生過了的人腦中。　社會主義者並非剝奪工作自由的人，實在是大生產制不可抵抗的進步剝奪了他。　我們所聽見那常常說工作應當自由的人，其實每每便是資本家，是那些最用力剝奪自由的人。

工作的自由，實在是沒有的事了。　不獨在工廠裏是這樣；便是無論何處個別工人，都只是一條練工人中一個圈環。　無論在甚麼業務中，被僱得勞心或勞力的人，都沒有工作的自由。　醫院的醫生，學校的教師，鐵路的僱員，報紙的記者，都享不着這樣自由，都少不了要遵守一些規則，到某點鐘便須到辦公的地方去。

實在從一方面說，工人在資本主義制度下像享了些自由。　一個工廠的工不合宜，他可自由到別個工廠裏找工作去。他可以換雇主，社會主義的社會中，一切生產工具都在一個機關手中，只有一個雇主，不能有所改換。

在這方面，今天的工人比社會主義的社會中工人，有些自由。但這不能叫作工作的自由。今天工人無論怎樣能常改換他的工作地方，他總沒有找着自由。每個地方每個工人的行動，都受一定的規律支配，這已是工作的必要。

所以怕在社會主義中失落了自由的工人，他並不是有工作的自由只是有選主人的自由。在現制之下，這種自由不能說沒有點關係。他是工人的一個保護。但甚至這種自由，亦漸爲資本主義的進步所摧殘。失業的人數既加增，而開放的位置越減少，勞工的市場人浮於事，游惰的工人乃以能得無論何種職業爲樂。而且生產工具既愈集中於少數人手中，這少數人且漸有能使工人無論走那一條路，總只找得同樣的雇主或一羣雇主。所以稍一研究，便顯出來，所說社會主義橫惡的目的，只不過是近代社會經濟發達的自然趨向。

社會主義不願亦不能防過這種發達，在這裏亦與在別處一樣。社會主義能免去與這種發達相隨而生的罪惡。他不能消滅工人倚賴生產機械，他自己只算機械的一個輪子這種事實；他只能把工人倚賴利害相反的資本家，代以他倚賴他個人是一分子的社會。這是一個平等的社會。大家有一樣的利害。

自由思想的律師與著作家，想得這樣的倚賴是不可忍耐的事。但不覺得現在的勞動家生活是不可忍耐，一看商業合作運動所顯示，便易於明白他們意見的價值，勞工的組織常顯出了社會主義祖國的專橫樣子。反對社會主義的人，常藉爲口實。在勞工組織中，每個分子遵依着做工的法則，規訂得很詳，執行得很嚴；然在這種組織中，亦仍沒有人覺得這些法則對於他個人自由是不可忍耐的限制。那些自以爲防禦工作的自由，以反對這恐怖學說，而又常常用武力用流血干犯人的自由的；只有剝奪者是這樣，工人從未這樣。可憐的自由啊！你今天除了奴隸的主人，沒有擁護你的人啊！

但在社會主義的共產中，缺少工作的自由，不僅把壓抑的色彩除掉了而且亦成爲人類可能的最高自由的根基，這像是一個矛盾話，但這矛盾只是表面的事。

一直到大生產制開始，在人生必要的生產中所用的勞力，常用盡了生產者的時光。他需要身心兩方面的圓滿發展。　這不僅在漁人獵人爲然，農人工人商人亦復是這樣。　生產者的人類生活，幾乎完全被他的職業所消耗。　工作能强固筋肉神經，活潑腦筋，使他嗜好學問。　但分工進行愈遠了，生產者所做事愈偏於一方面了，心身再不能從各方面自已訓練而發達，一切能力。　生產者全然被不完全的暫時的工作所耽擱，失了理會全部有機現象的能力。　體力心力調和圓滿的發達，自然問題社會問題甚深的注意，心理哲學的傾向：即是說爲眞理去求最高眞理；這些事都不能在這種情形中找出。　只除那一部分可以不做工的階級中人不計，一直到機器時代以前，除非能把工作負担推到人家身上去剝奪他，不能做這些事。　歷史中所僅見的，最理想最智睿的種族，爲學問技藝去攻求學問技藝的思想家藝術家，獨一無二的社會，只有雅典的貴族；便是雅典蓄奴的主人翁。

在他們中間無論奴隸或自由人，一切的作工都是卑賤。　而且亦本是卑賤。　蘇格拉底覺得毫無怪異的說，「商人與工人沒有文化。　他們沒有閑暇，因而不能受好教育。　他們僅學了他們事業所需的知識，學問自身對他們沒有興趣。 他們學算術，只爲做生意，不是爲得數的知識。 這不是給他們去求高些的東西。 商人工人說，由榮譽學問所得的快樂，比之於由賺錢所得的快樂，便沒有價值了。無論這些金匠木匠皮匠。在他事業中怎樣的了不起，但他們許多人總只有個奴隸的靈魂。 他們不知道眞，亦不知道美」。

經濟的發達，從那日更進步了。 分工到了夢想不到的一點。爲買賣的生產制，趕走了許多以前的剝奪者及文雅的人，到了生產者的階級。 像工人農人一樣，富人的時力，亦把他事業完全躭擱了。 他們現在不復聚集於運動場及書院中，只聚於股票交易所與市場中。他們所傾心的問題，無關於眞理與公道，只是談論羊毛皮酒契約證券的價目。 這便是消耗他們心力的問題。 在這種工作之後，他們更沒有力量或興趣，去領略比最粗俗游戲好一點的任何游戲。

既然文雅階級所關心的是這樣，他們的敎育亦成了商品。 他們既無時間，亦無志願，去做那無情的眞理探討。 向這樣的理想奮鬥，每個人把他自已埋到他的專業裏，每分鐘總要想若所學的不能變錢，他便受了幾大的損失。所以把拉丁文希臘文從中學校科目中運動取消了。無論這種運動有甚麼教育學的根據，其真原因只是由於願青年所學都是有用。「有用」便是說要變得出錢來。雖然在科學家技藝家中求調和發達的大性，亦顯然消失了些。各方面起來了些專門家，科學與技術亦降到商業水平線上了。蘇格拉底所說古時手工的話，對於這種研求學問，亦適用了。用哲學眼光看事，在這裏所說各階級，一天天衰敗下去。同時一種新工作起來了，便是機械工作。一種新階級起來了，便是勞動家。

機器搶去了一切智識活動的工作。機器工人再不消用思想，只靜順機器的做工便夠了。機器命令他，他所要做的事，他便成了機器的倚附者。所說手工的話，亦適用於家庭工作與工廠手工；雖適用的範圍小一點。在無數工人中一件東西生產的分工，預備了引入機械的路。

這種單純不消用心的勞動家工作，第一個結果便是心力顯然的退步。第二個結果便是被趕到去反抗太多時候的工作。工作對於他再不是同於人生。工作完了，人生纔起頭。

對於以爲工作卽人生的人，工作的自由便是人生的自由。但對於必須不作工纔算有人生況味的工人，他要享受自由的人生，只有完全不作工。自然這種階級的工人，不能被引到完全不作工；工作是生活的條件。但他們的力量，必須被引導到儘量減少工作時間，讓他們有時候享受人生況味。

這是近代勞動家方面，爭縮短工作時間的一個重要原因。這種競爭，若在以前社會制度的工人農人身上，簡直不成意思。勞動家要減少時間，不是像加增工錢，減少失業者人數一樣，有甚麼經濟上的利益。減少時間的競爭，只是爲人生的競爭。

這種不用心力的機械工作，還有第三個結果：勞動者的心力既不與別的工人一樣，不用於工作之中；他工作之時，心力無所施展；因此而勞動者乃發生了向來未有强度的在工作時間以外，找些用心事做的懇切願望。近代社會中一個最可注意的現象，便是勞動智識的渴慾。一切別的階級，只知消耗時候去作最粗俗不用心的游戲時；勞動者反顯出了智育的感情。凡人有機會與勞動家接近的，都能完全看見這種智識慾的力量。試拿工人的新聞紙雜誌小冊子，以與那別的社會所歡迎的文學一比，便勞動界以外的人，亦可以想見這種情形。

這種智識總是全然無私的，智識不能幫機械工人加增入款。他爲眞理尋求眞理，初不爲物質的利益。所以他不限制他自己於任何學科，他想籠統的研究一切。他想懂得全社會全世界。最難的題目，最引起他的興趣。他們很像在半空中，很不容易引他到地面上。

不是有知識便成哲學家，是有去求知識的力量便成哲學家。在這種卑賤無知的勞動家中，居然雅典貴族優秀分子的哲學精神復活了。但現在社會不能讓這種精神自由發達，勞動家沒有甚麼可以教導自己，他已被人奪了有系統研究的機會，他是暴露於無計畫自學的一切危險一切不方便。更進一層，他們缺少了餘暇時候，科學與技藝在勞動家仍爲可望而不可及的樂土。他便用力爭了，但仍然不能搶進去。

只有社會主義的勝利，能使勞動家領受一切文化的淵源。只有社會主義的勝利，能減少工作時間，至使工人能有充分閑暇以得相當的學問。資本主義生產制度，喚醒了勞動家，智識的願望；然只有社會主義的生產制度，能夠滿足他。

不是工作的自由，乃是避除工作使人類得着人生的自由，技藝智識活動的自由，享受高尚娛樂的自由：這是社會主義的社會應用機械所逐漸可能的事。

在人類歷史中，所有惟一的調和有幸福的文化，從前只是少數貴族團體的專利者；現將成爲一切文明國民的公共財產。古代雅典奴隸所做的事，現在機器爲人類做了。人會覺得一切進步了的力量，不復爲生產工作所苦，亦不復有雅典貴族所受奴隸惡勢力的壞處。近代科學技藝既遠過於二千年前，今天的文明亦凌駕了希臘的一片土。所以社會主義的共同生活，道德的偉大，物質的幸福。所照耀於最光榮的社會的，是歷史上空前絕後的事。能用力去求這種理想的實現的人，纔眞是有幸運的人了。

第五章　階級爭鬥

一　社會主義與有產階級

我們主義的宣言，第末一章文如下：「社會的改變，不僅是勞動家的解放，乃是全人類的解放。然而只有工人能把他實現出來。別的階級。藐視一切相反的利益，主張他們生存全然靠的是生產工具的私有。 所以他們有個共同的動機，去擁護現在社會制度的精髓。

「工人階級反對資本主義的剝奪的戰爭，必要是一個政治戰爭。 沒有政權，工人不能發達他的經濟組織，以上他的經濟戰場。 他非先有了政治權力，不能改變生產工具爲全民所有」。

「使這些工人的戰爭，成爲有意識的聯合，放一個大目的在大家面前，——這便是社會黨的目的」。

在一切資本主義的生產流行的地方，工人階級的利益是相同的。 因世界商業與爲世界商場的生產發達了，每個國家的工人位置越變越要倚賴別國的工人。 所以工人階級的解放，是一切文明國家平等注意的事。 社會黨因覺得了這種事實，所以他要求以各國工人階級的自覺爲根據。

「所以社會黨不是爲任何階級的利益而戰爭，乃是要打破階級與階級法規，無種族男女的分別，一切權利義務都是平等。 求合於這個主義，所以他在今天的社會中，不但反對賺工錢的工人所受剝奪與壓抑，亦反對各種有害於一個階級，一黨，一性，一族的各種剝奪與壓抑」。

這篇第一節第一句話，我們可以加點解說。　我們已經看見社會主義的勝利，是我們全社會發達的利益。　在某種意思中，亦便是今天有產者剝奪者階級的利益。　這些階級，像受他害的一些階級一樣，亦狠受近代生產方法衝突的害。　他們因這有些墮落到無事做了。有些又疲於無休止的爭利。　在他們上面都懸着破產的危險。

經驗告訴我們，有許多有產者剝奪者盡力反對社會主義。　但豈全然是出於無知識不反省麽？　有許多反對社會主義的演說家，在政治上社會上學術上都正是最能懂得社會的機械關係，看得社會進化的法律的人。

現在社會的狀況是這樣可怕，凡肯好生談政治學術的人，沒有人能反對社會主義所加於現在社會制度的罪案。　而且資本主義政黨，有些頭腦最清楚的人，亦承認這些罪案有些是眞的；甚至於還有人說，社是主義最後的勝利是不可免的，除非社會趕快轉灣，趕快改良。

這些事情，他們這些先生們相信，若他們這一黨或那一黨的需要很快的得着了，總是可以做得的。由這樣，那些最能懂得社會主義者對於資本主義的批評的非社會黨人，甚至於想着接受了這批評的結論，可以救他們自已。

這種可注意的現象，他的原因不難明白。雖然有產階級某種重要的利益，亦應反對生產工具的私有；別種更直接而顯見的利益，却仍要求工具私有的保留。

特別對於商人是這種情形。他們不盼望靠打破私產得甚麼直接的利益，從這所得的有利結果。對他對社會自然是一樣極其感覺得；但這樣的結果，比較的遠些，而他們將受的不利益，却顯然近些。他們今天所享受的威武高貴，即刻便會消滅。他們現在的平安舒適，亦會剝奪了一些。

但對於下層有產者，如小生產者，商人農人，却不甚這樣。他們沒有甚麼可以失落的，威武高貴；靠社會主義生產制度的輸入，他還得了些平安與舒適。但他非站得比他自已的階級高一點，他看不清這些事。從這些小資本家小農人的眼光說，資本主義生產制度，都是莫明其妙的東西。　自然他懂近代社會主義更少了。　他們所最有個明白觀念的，他們的生產制度若得保存，他們的生產工具必須私有。　小工業家若只作小工業家想，小農人小商人若只作小農人小商人想，他們若只知對於自己階級有個強固的見解，他將總束縛於生產工具私有的意思，將總天然的反對社會主義；無論他受了資本主義甚麼害都所不顧。

我們在前章已看過生產工具的私有，在他旣不能使小生產者得着豐給的利益時，雖在他們因完全變成賺工錢的工人時候，生活狀況略可改良；然那種無發展地位，究竟被他桎梏住了。　所以生產工具的私有是束縛一切有產階級到資本主義制度之下的勢力。　即有產者身，便是被剝奪者。　他自己的產業，只是可憐的幻影而已。

只有那些已經不能保持他階級地位能再看出來他們所倚以爲生的生產方式，是個壞運命的小資本家小農人，能站在了解社會主義原理的位上。　但知識缺乏，見解狹隘，這兩樁又是他們生活情形的自然結果。　使他們亦因而難以眞知他們階級極可憐的狀況。　他們生活的悲慘與盼望救濟的狂願，使他們易於受那些可以自圓其說而不能自守其諾的政客所欺騙。

在上層有產階級中，有高些的文化，廣些的見識，這裏與那裏每每有些人仍受着那早年革命戰爭理想的回憶的影響。但這些人要表同情於社會主義，從事於這種運動，自然是不幸。他非捨棄這種理想，便要打破一切維持他擁護他的社會約束。很少人對於這歧途有個勇敢與獨立品格去決擇遵循。更少的人，能勇敢到時機至時，與自已階級決裂。在這少數的少數人中，一大半到現在又不願與聞世事了。他們認這是「少年血氣之論」，現在他們「有知識」了。

上層階級的理想家，只有那種人，以爲贊成社會主義仍可維持他的地位的；但這些人中大多數人，仍因他們研究了那多結果，想找個社會問題的平和解決，總是沒有效果，因而疲倦下來了。他們所說平和解決，是說要把資本階級的利益，與多少發達了的社會主義的知識及他們的良心相調和的意思。

只有那些資本家的理想家，他不但有必需的學理的研究，而且有與他們階級決裂的勇敢與能力的人，纔會成爲眞正的社會主義者。

所以社會主義的運動，不能對於有產階級有幾大的希望。　個別的分子，可以被社會主義的克服。　但這種人常不過是經濟地位使他已不復屬於那階級的信心與行爲的人。　除了在革命時代，人民地位傾向於社會主義一邊的時候，這種人究是少數。　只有在革命時代，社會主義者可以看見有產階級一大批的人擁了進來。

所以社會主義軍隊，惟一可望得着贊助的生力軍，常不是還有無論怎樣大小東西可以失落的人，必是沒有一件東西可以失落的人。　他所失落的只他頭上的鍊子。　他所得着的却是全世界。

二　奴僕

社會主義的生力軍，是無產階級。　但亦不是所有的無產階級，一樣贊成社會主義。

雖然對非律斯丁人說，窮人是向來有的這句話靠不住。　但窮困的起原，與爲買賣的生產一同古遠，這是確實的事。　最初窮人好像是例外的現象。　例如中世紀還只有少數人沒有滿足他自己慾望的生產工具。　那個時候，較少的無產者，還容易在有產者家庭中做個助手，田工，走卒，侍婢等，找個位置。這多半是年輕人。他因有自己成家立業的希望，略減他愁慘的運命。而且他總是與他的家主或主婦一同做工，而共享他的收穫。所以他只是有產者家庭中的一分子，還不算勞動家。他們覺得與這一家的財產有些關係，家庭運氣的好壞，他一樣有份。在這種奴僕是有產者家庭一部分的地方，雖然他們自己沒有財產，但他的運命很倚賴這種財產。在這種地方，社會主義無從生根。學徒的地位，與上說階級的地位很相同。（參看第二章一）

漸而在這些實在參與生產事業的階級之外，發生了個人的奴僕。有些窮人去伺候大些的剝奪者家庭去了。在中世的時侯，有些人便這樣去伺候貴族，富商，高等牧師。這些窮人去做事，並非去幫助生產工作，只是去做募兵，或簡直便是聽差的。古時互助的感情，已經不見了。起來了一種新感情。有各種的奴僕，做各種的工，得各種的錢，每個人都盼望用他的所有力量，增進他的地位。他的成功，是倚賴主人的寵愛，他越能適應他自己的好，他的前途越佳。主人的收入越大，權力名位越大，這些跟班所沾的餘潤亦越多。

這種事情，特別對於那些養得裝場面的跟班，為是這樣。　他們的事業，只是擺列得做一種無謂的儀仗，教那個主人顧而樂之，以幫他花錢，而且盡心竭力的幫他為非作惡。　所以現在的奴僕，已與主人成了個特殊親密的關係。　他亦自然的發達，而成為被壓迫剝奪的工人階級的仇敵。　而且他常常比他的主人待工人更無道理。　主人若稍有一點見識，或者還不致殺他下金蛋的雞子，他要保存他不僅為他自己，亦復為他子孫做些事；但這些跟班卻不知這樣想。

沒有甚麼希奇，人類中再沒有比這種奴僕階級還可恨的。　他們諂媚上面的人，虐待下面的人，都成了人人所知的事。

然而這種奴僕的性格，不僅限於低層的無產人民。　怕窮的貴族，找一個伺候皇家的生活，其實便是與最低奴僕在一條水平線上。

但我們這裏所講，是最低級的奴僕。　剝奪得越利害，資本家所享餘值越膨大；與這種結果同時，便投身為奴僕的人數越多。　那便是說利於這種階級加增的，雖然亦是失了產業的趨勢，但決不能叫從這裏得着社會主義運動的生力軍。

猶幸有別種趨勢在別方面做工。　工業逐漸的革命，侵入家庭生活，把一件件事從家務中拉了出來，而使他成爲專業；更加工作分業的精而愈精，這樣便做成了整容的，聽差的，趕車的等各種職業。　這一類的職業，既失了他家庭者性質；他們還想保存原先的色彩。但時移歲異，這種色彩漸失了。　這種職業內的人，仍然倚了那些工廠賺工錢的工人階級性質。

三　下流社會

無論奴僕階級的人數怎樣多，但他總不能完全吸收一切無產的人。　失業者，兒童，老人，病者，廢者，從起首使不能作工掙生活，　到近代初期，又加了一大些能做工而無工做的人，他們沒有事做，只有討乞，偷盜，賣淫。　他們被勉强的拋棄滅絕一切慚愧榮譽或自尊的感覺。　他們只有把眼前燃眉的需要，放在一切名譽心前面，總能苟延他的殘喘。　這種情形，只能有最退化最腐敗的影響，不待說亦可以明白。

而且這種勢力的效果，因失業的窮人對於現在社會制度全然是無用，所以情形更壞了。這種窮人死乾淨了，越是對社會不甘願的負担，有個救濟。 這種階級既是不需要的，他沒有必要的職務去盡，所以他只有墮落。

乞丐便自己恭維，亦不能說他對於社會制度有何必要。 他不能回想有個甚麼時候，他們的階級做了任何有用的職務。 他們沒有法子勉強社會供應他，這個寄生蟲。 他們只有忍耐。 結果，謙卑是乞丐第一個責任，是窮人最高的德行。 像跟班一樣，這種勞動階級亦是奴服於有力者的。 他不能反對現在社會制度。 而且他的生活，全靠富人的殘羹冷炙；他怎能願意去打倒他的施主呢？ 而且乞丐他自身並非受剝奪者；剝奪的程度越高，富人的收入越大，乞丐的盼望越多。 像奴僕階級一樣，他們分享剝奪的結果，他們不願這種制度破滅。

雖然這部分勞動階級的人，不加害於剝奪的制度；但不能說他是這制度的防禦品。 因他們是懦弱無主義的，所以施主的威權財富，一旦從手中落下去了，他便會捨棄他的施主。

這種階級，從不肯在革命運動中打衝鋒。　但他在社會擾亂之中，摸昏水魚，是常有的事。有時他給要倒的階級最後的一跟；但他雖在革命已經發生後漁取些利益，在最初究常是洩露機密的人。

資本主義生產制度既加增了，這等下流的勞動階級分子，在大實業中心地方，要佔人口中很大的一部分。

就性格與人生觀說，下流勞動階級漸侵入最低層農人與小資本階級中來了。　他們亦像上說的一樣，既不能靠自力，只好靠由面上所得的助力以自救。

三　賺工錢的勞動家的起原

由於上說的階級，資本家得着第一批賺工錢的工力。　他需要很多精巧而馴良的工人。因下流的勞動階級及最與他們親近的一部分的人民，已經學了服從謙卑，所以合式應他們的需要。　資本主義因有由這所得的工人，所以沒有反抗的發達了。　這種人可以容易的盡量供他們剝奪。　他們要在不可忍耐的狀況中，作長時間的工作。　願研究近代實業初期可憐的情形者，只須讀昂格斯關於英國工人階級的名著便夠了。

五　賺工錢的勞動家的進步

在近代實業的初期，所謂勞動者便是說絕對墮落的人。　現在亦還有人這樣相信。　但雖在最初期工人階級、勞動家與下流的勞動階級中間，究有個界限。下流的勞動階級，無論在近代倫敦或在古代羅馬，生活總是一樣的。　但近代工作的勞動家，卻是絕對的一個希奇現象。

在這二者之間，最大的個分別，是下流乞丐是寄生者，工人卻是近代社會生活最重要的根基。　近代工作的勞動家，不僅他絕不受賑給，他反維持了全社會。　自然他們最初看不見這件事。　但遲早他們便知道了，原來他們並沒有得着資本家的食物，反是他把他的食物給了些資本家了。

從家僕學徒方面說，工人與他們的分別，便是他們並不與剝奪者一同生活一同做工。他們對於雇主以前有的關係，便消失了。

近代的工人，不像資本時代以前的工人一樣，忌妒富人，仿效富人；他們恨他，因為他是仇人；輕看他，因為他是懶惰的人。

最初這種感覺還只寄碎的表現出來。及工人發現得凡工人利害都相同，他們都是反對剝奪的人的時候；他們乃起手作大組織與剝奪階級開戰。與階級自覺同時發現的權力觀念，是工人階級的再生。他把這階級提高，永遠超出寄生的窮人上面。

一切近代生產情形，使工人階級的固結增加。中世的時候，每個工人自己產生一個完全貨品。他在實業上是獨立的。今天一件事總要過一二十個人的手，甚至於幾百人的手，纔有一個完全貨品，所以工業便教了協力的道理。

或者近代情形的一致，比協力的必要，在這方面效力更大。在中世的行業，便已有萬國大同的傾向。但各業都清清楚楚的分開了。我們已看見在奴僕之中，亦分了各種階級。但近代工廠中，便幾乎沒有等級，一切雇工，幾於在一樣情形之下作工。每個工人，不能有力去改變那情況。而且在機械勢力之下，各業的分別亦很快的不見了。這可以由學徒期的逐漸縮短裏看出來。每每因些新發明，使全部事業成爲不必要。而在那事業中的雇工，不得不轉入別種工作。這逐漸使個別工人忘記了他的技業，爲全階級作戰。反對雇主，並非新奇的事。在中世便常常發生。不過只有在十九世紀，這種反對有階級戰爭的色彩。所以這個大衝突，有個高大的目的，不僅只伸暫時的寃枉了。於是勞工運動，成了個革命的運動。

六　影響勞動家的好壞兩種趨向間的競爭

工人階級的升進，是必然不可免的程序。但這不是平和性質，亦不是有規則的。資本主義制度的傾向，如第二章所說，使勞動家愈益墮落。勞動家道德的再生，只有反對這種傾向，反對他的代表人資本家。若非由近代勞工情形，工人階級發達的新傾向，不能求到這樣。但這兩種傾向；一是向上的，一是向下的。他在各種地方，各種時候，每發展各有不同。他看市場的情形，工業的組織，機械的發達，資本家與工人的覺悟等等，而決定。這一切情形，在各種工業中年年不同。

幸而爲人類的發達，歷史上有時在各部分的勞動家中，升進的傾向得了上風。當他喚醒了無論何團體的工人圓滿的階級自覺的時候，全工人階級固結的自覺，由聯合而生的能力的自覺，亦喚醒了。各團體既認識了他是社會的主要分子，他盼望將來各種事業的進步，那時更不易使這種團體囘復到墮落的民衆裏去。他反對他所受了痛苦的制度，只有無理由的恨，更無別的方式。

七　慈善事業與勞工法規

若每部分勞動者，只倚靠他自已的力量，這個升進的程序，將比已往經過的遲緩些，更痛苦些。若無幫助，許多部分的勞動家，在現在佔很光榮地位的，他起初未必能勝過一切古代遺傳下來的困難。社會上等階級，上層勞動階級，以及有產階級，都給他們了一些幫助。有產階級所給的幫助，在資本主義大生產制的初期，看不出甚麽價值。

在中世的時候，貧困的人是這樣少，所以公私慈善機關便夠供贍他。他不能成爲待解決的社會問題。雖然有時亦令人想得這些事，但只是宗教研究的一個題目。他們看得這是天命，懲罰那些惡人與不敬神的人的。　這是富人做好事的機會。

然而資本制度的生長，使失業的人數加增，窮困的人於是成了可駭的一大部分。　這一大部分窮困階級，因爲他是社會上的危險物，遂使一切有思想而仁慈的人大注意。　古初慈善的分配，是不合宜的。　想照顧一切窮人，已感覺得遠過於民衆的權力。　於是發生了新問題；怎樣消滅這種窮困階級呢　許多解決的法子想出來了，這些法子中有想藉屠殺，或移殖他們到公有殖民地去做苦工的；後一個法子，文明人最贊成。　但卻只有前一個法子實行了。

然逐漸這個問題的解決，得了一個新方面。　資本主義生產制度發達得很快，最後成爲管理一切的制度；這種發達進行，於是解決窮困的問題，不復爲資本階級思想家所注意了。資本主義的生產，立脚於勞動家上面。　若沒有勞動家，便亦沒有那種生產了。　極大的貧困，是極大的財富的根基。　想消滅民衆中的貧困者，無幾猛烈攻擊少數人的財富。　所以凡想救治工人的貧困者，都是「法律秩序的仇讎」。

實在恐怖與感情，非遂便全然停止了。 便在這種情景的變遷之下，資本階級仍然覺得這樣，仍然有爲勞動家做事的人。 因貧困既是全社會組織危險的根源，他常發生瘟疫及罪惡，所以少數治者階級中明白而講人道的人，亦願意爲工人階級做些事。 不過他們中多數人既不肯亦不能與他自己的階級決裂，所以現在再不是消滅勞動者的問題；至多他不能除升進勞動者生活狀況以外，做一點事。 勞動者只能繼續做工，而自己滿足於他的生活狀況。

在這種進行中，自然有各種慈善事業。 這些事業中，許多方法或全然無用，或只能在一種特別事情爲暫時的幫助。

但這個通例中，有個最著名的例外：我說的是勞工法規。 在十九世紀最初的十年中，資本家大生產制既侵入了英國，他在最壞情形中所能產生的各種可怕的事隨之而生。 最聰明的慈善家，因而斷定只有一件東西可以防遏所受影響各工廠工人的墮落。 他們即刻提議保護工人的法律，至少要保護他們中最無助的如女工如童工。

那時英國從事大生產的資本家，還不至像今天一樣組織，成了資本階級治者的一部分。

別部分特別是小生產者小地主方面政治上經濟上的利益，都贊成限制大資本家所加於工人身上的權力。　這方向的運動，有些人想得非大資本家受些限制，英國工業根基的工人，將滅絕無遺。　所以亦很贊成。　這種思想，只有在治者階級中，有眼光比看他直接利益遠大些的都會，受他的影響。　除這以外，乃有擁護少數大資本家的人，他看清了他們有能力自已適應於這提議的法律。　他們眼見那些比較沒有錢些的競爭者，將因這法律而失敗。　然而雖有這些助力，雖然工人階級亦自已活動去要求工廠法規，然究費了一個苦戰，總得着很小的一個工廠法規，而漸次擴張他。

這第一次所得雖小，然已足喚醒勞動階級的沉夢。　由這的力量，他們經過了而且促進了他們向來社會地位的向上發展。　自然在這種運動成功以前，這種競爭已足夠顯示出來，勞動家自身是何等重要有力。　早期的競爭，搖醒他，詔示他，以自尊自重，不要失望。在他最近的將來以外，放一個目的在他的面前。

最重要改良工人生活狀況的，是公立學校。　這種勢力不可忽視。　但他們在升進勞動著生活方面，還不如通行的工廠法的效力。

資本主義制度發達愈圓滿，大生產制漸傾軋一切小些的生產，改變他的性質。於是工廠法的效用越重要。工廠法不僅在一切大工廠中都須應用，且必擴張到家庭工業乃至農業上面。這種法律的重要加增了，大資本家在現在社會的勢力，亦同程度的加增了。非工業資本家的有產者，如地主，小製造家，商人等，都受了資本家思想方式的傳染。資本階級的思想家，政治家，從前是有眼光的領袖，現在只成功了資本階級的衛兵。

資本主義的生產，毀滅工人階級的情形，是這樣可怕。所以只有最無恥貪慾的資本家，敢於拒絕若干量保護勞工的法規。但如最重要的勞工法規，例如八小時的工作，有產階級的人主張的便少了。資本家的慈善事業，日漸怯弱，漸使工人不能不為自衛而奮鬥。近代八小時的競爭，與英國五十年前十小時的競爭，情形大不一樣。有產的政治家，主張八小時現制的，不是由於慈善心；只是由於不得不退讓於工人階級的組織。勞工法規的競爭，逐漸成為勞動家資本家間的階級戰爭。歐洲大陸及美國勞工法規的競爭，較英國為後起。一起手便帶了階級戰爭的色彩。勞動者不能更盼望從有產階級得着甚麼，只有自已努力起來。現在他只有完全靠他自已。

八　勞工聯合運動

工人與剝奪者的戰爭，不是甚麼新奇的事。主人與學徒，在中世紀末年便發生過了極惡的一個戰爭。十五世紀的時候，各處的主人都想藉加增學徒工作，以自已可以不做工作。他們乃弄到使他兒子將來不易承繼爲學徒的主人。於是主人學徒的家庭關係，不能如前的好了，以發生現代階級的區分。

主人既成爲近代的資本家，競爭的發生乃不可免了。在一方面學徒的地位很可以發展自身。每個城市，他們有很好的組織。每個行業，有一種專業中的一切學徒，他完全能在那業中間管理勞工的供給。競爭的時候到了，他能用近代所最常見的罷工或杯葛，做最有力的武器。

近代國家一切加增的力量，使這不能管制的學徒更明白了他的地位。工人階級所受的壓迫，自始便爲國家第一個職務。 在初期國家執行這種職務，便已用了可怕的力量。 但這一切力量，不能使這些煩惱告個終結。 便反對他們有組織會社權，這些學徒仍然組織祕密聯合，去做恐怖危險的事。

但國家所不能做成的事，工業的進化究把他做成了。 中世紀過了以後，特別是十八世紀中，製造成了實業界更重要的一件事。 機械輸入以前，工廠的雇工，既無中世紀工業制度的利益，亦無近代工業制度的利益。 他們居於大城裏，常各族雜處。 更加以各種不同的職業，要各種不同的技術，有這些原因，他們難得有個組織。 他們在這些事實中，惟一的利益，便是他們的工作少不了技術。 他們因此不得不與全體無業的人爭這一技之長。

但機器輸入，連這最後的情形，亦改變了。 這使全部無業的人，都可以供資本主義之用。 甚至於勞動階級的婦人同女子，亦上了勞工的市場。

由機器輸入，而工業的改革進行得了一個空前的步驟。 自然機械的方法，不能立刻地引入各種工業。 有些工業中，甚至於老工手工方法還復活了。 雖然，這種復活却不是有延長舊情形的傾向，反是常常使工人做成了苦役的商店勞工(Sweat shop labour)，例如成衣工業中的工人。這些復活，祇產生了一種最不能抵抗主人的工人階級能了。

但這種趨勢，是要引入機器於各種實業中的。他影響於工人階級抵抗的力量，是最重要的事。第一，這種改變把一切工人分爲有技術無技術的兩階級；前者包含那些需要特別程度技術的工作者，後者自然只包含那些只須有相當力量便可做工的。後者的特別性質，便是他們的地位易受更換。

自然有技術的工人，最先爭求好些的境遇。因爲在罷工的時候，不易找代替他的工人，所以他有個最重要的利益。他們的地位，不像那些中世紀的學徒，而且就許多方面說，他們是行業的自然先驅者。

但若近代有技術的工人，從他的祖先得了某種的利益，他仍然從他們捨棄了一種於近代勞工運動有大害的趨向。那便是說，分爲各種專業的趨向。那些在戰爭中佔地位最好的，自然可以得着最上的利益，看得自己好像是勞工的貴族一樣。他們只看得了自已的利益，亦容易以侵害較不幸的同伴，而求自己的興旺為滿足。

有眼光的政治家實業領袖者，很快的看出了這種情形的利益。　今天工人最壞的仇敵，不是那些愚笨反動的政治家，他盼望用公然壓抑的法子撲滅勞工運動，工人最壞的仇敵，乃是那些戴假面具的朋友，鼓勵專業的聯合，以求把有技術的工人，與他階級別的人分開。他們想騙得勞動軍隊最有力的一部分，去反對他們的大隊；反對那些無技術的工人，那些最無力保衛他自己地位的工人。

但是遲早的時候，甚至於最有技術的工人階級的貴族傾向，亦破裂了。　機械生產的進步使所有的專業，一件件的墮入尋常工作的陷阱。　雖然最有力組織的一部分，亦常被告訴覺得他的地位，究竟是倚賴全工人階級的力量。　他們於是得了個結論，知道去爬，到要沉入流沙中人的肩上站着的，是一個錯主意。　他們看見勞動界別部分的競爭，並非完全與他們無關的事。

同時無技術的工人，一部分一部分的亦從那愚昧的昏夢，無目的的不知足中爬起來了這一半是有技術的工人所作成功的事，自然的結果。　無技術勞動者活動的直接結果，似乎不重要，但這種活動，纔引起了這部分工人階級道德的再生。

所以從有技術與無技術的工人中，逐漸組織了從事勞工運動的勞動團體。　這一部分勞動階級，他爲他全階級的利益作戰，好像是宗教的軍隊一樣。　這一部分人由勞工的貴族與現在仍是無助無望的普通游民兩方面組成。　我們已經看見，工作的勞動家漸加增了。　我們亦知道別的工人階級，漸漸的思想感覺，要漸與他們一致了。　我們現在亦看見工人的軍團，不僅絕對的加增，而且相對的加增。　無論勞動者加增得怎樣的快，這個軍團加增得更快。

便是這種軍團是社會主義最有力的生力軍，社會主義運動，便只是這種作戰的勞動家覺着了他的目的。　實際，這社會主義與作戰的勞動家漸成爲一物。　在德國與國他們的合一，成功得最快。

九　政治戰爭

勞動者最初的組織，是學的中世學徒的樣子。近代勞工運動第一個武器，亦是與前代傳留下來的一樣的罷工或杯葛。

這些法子爲近代勞動家還不夠用。各種分業越是完全聯合的成爲一個工人階級的運動，他的競爭越是帶政治上的性質。每個階級戰爭，都是政治戰爭。卽工業戰爭亦裸裸的需要，亦使工人不能不有政治上的要求。我們已經看見近代的國家以妨害勞工有力的組織爲主要職務。祕密的組織，自然不能如公開的組織的好；所以勞動家越發達了，他越需要結合的自由。

然勞動家若沒有適當的組織，僅得這種自由還是不夠。古代的學徒走卒，容易在一路做事。各個城市，在實業上是獨立的。在一個城裏從事於一個事業的人較少，他們常住在一條街上花費他的時光，在一個公共地方。每個人與其餘別個人都相熟。

今天情形，是完全不同了。每個實業的中心，有幾千的工人，一個人只認得他幾個同伴。使這些人感覺一個共同興味，引他們在一個組織中像一個人樣的活動，那必須有與多數人交換意見的方法。 出版自由與集會自由，這都絕對是重要的事。

出版自由，因現在交通工具的發達，越發成為必要了。 現在資本家能從很遠的地方，運入破壞罷工的人。 若非工人能將全國甚至於全文明世界組織一個聯合，他們不能有能力要求有個聯合。 這非靠印刷的幫助不可。

由這，所以凡工人階級求改進他經濟地位的，必發生政治要求。 特別是出版自由，結會自由的要求。 這些權利，對於勞動家，是生活必需的。 他是勞工運動的光與空氣。 凡要拒絕這些要求的人，無論他持甚麼理由，工人階級總認他為最大的仇敵。

有時有些人都要說政治戰爭與經濟戰爭是相反的事。 他說勞動家必須捨棄任一種競爭。 然而就事實說，這兩件是分不開的。 經濟競爭要求政治權利。而政治權利不能從天上降下來。 要獲得而維持他們，必要最有力的政治行動。 政治戰爭細分起來，究竟是經濟戰爭。 而且討論稅率工廠法的時侯，並直接而顯然是關於經濟性質。 政治戰爭實不過一特種形式的經濟戰爭最完全最重要的形式。

工人階級的利益，不是限於直接影響他的法律所規定。多數法律論到他的利益所及範圍有限。像別的階級一樣，工人階級必須求能影響國家主權，使合於他的目的。大資本家能直接影響治者與立法者，但工人只有靠國會的活動，纔能這樣做。這於國家名爲民主與否，關係很小。一切有國會的國家，徵稅權每由立法團體所規定，所以靠選舉國會代表，工人階級便能影響到政權上面。

各種階級的戰爭，倚靠爲政治勢力的立法行爲，在近代國家中一方加增了國會的勢力，一方加增了國會內階級自身的勢力。國會的勢力，倚靠在他背後各階級的力量與勇敢，倚靠國會意志所加於那階級的力量與勇敢。國會內一階級的勢力，最倚賴實施選舉法的性質，其次倚賴在一個問題中各階級選舉人的勢力，最後倚賴他們爲國會工作的合式。

對於最後一點，我們還須加幾句話。資本家因有自由使用的各種能力，一直到現在他能使國會全然聽他的調度。所以有許多小資本家小農人，很不信任這種立法行爲。有些人贊成直接立法，不要代表人立法。有些人完全反對各種的政治活動。這自然像太含革命性了；但實際這不過指出來，在這中間階級的政治破產而已。

然而勞動家在國會活動中，地位較佔便利。我們已看見現在生產制度怎樣反應於勞動者的智識生活，他怎樣喚醒了勞動者的智識慾，使他們了解大社會問題。他們對於政治的態度，比農人小資本家高多了。他們容易把住政黨黨綱；不靠人的動機，地方的動機，容易去向着黨綱活動。他們生活的狀况，亦使他們能夠大家住在一處，向一個目的進行。他活動有規則的方式，使他習於嚴整的秩序。他們的聯合，是他們最好的國會活動練習所。他們有好多機會，爲國會立法演說的訓練。

所以勞動家的位置，成了一個獨立黨。他知道怎樣管理他的代表人，而且他在他自已同輩人中，一天天找着更多合宜於立法院做代表的人了。

當勞動家以自覺的階級，起而從事國會活動，國會便變了一種性質了。他再不只是資本家手裏的工具了。勞動家參預這種活動，正以他是打破勞動界無關係的分歧，而給與他們的盼望及信心最有力的工具。這是使勞動家能免於他經濟的社會的道德的墮落，最有力的工具。

所以勞動家沒有理由不信任國會活動。　而且他有許多理由，去盡他的力量求國會比較政府別部分的權力加增。　使他們自已的代表人，在國會佔最多數。　除了出版自由結會自由以外，普通選舉亦是勞動家健全發達必要的條件。

十　工黨

選舉權對於工人階級的有用，不僅因爲有時資本家有些地方須求他們的贊助；資本家黨派，例如工業資本家或地主的內爭，因要求勞動家的擁護，不能不給些好處與勞動家。　這種地方，資本家亦每有有價值的讓步。　但若工人階級非能進行他自已的政治活動，究竟所得權利總至多只能達到一定的限制。

勞動家的利益，與資本家的利益，完全不能兩立。　所以他們究竟是不能調和的。　每個資本主義的國家，工人階級的參政，遲早必引到他們組織一個獨立黨，——工黨

一個特別的國家，在他歷史上到甚麼時候便到了可以組織工黨的那一步，這主要是看他

經濟發達而定。亦有幾層要看別的兩個條件：一是工人階級政治地位經濟地位的自覺，一是資本主義政黨彼此相待的態度。

但獨立的工黨，遲早總是要來的。這種工黨一經組成，他必要有爲他所代表階級的利益去爭政柄的自身目的。經濟發達，自然引得這目的的完成。他完成的時候，與方法，可以在各地方而不同。但勞動家最後的勝利，是無疑的。因爲這個階級的人數，與他在道德上政治上權力，逐漸進步了。階級戰爭使他們放開了眼界，使他們團結有秩序。資本主義的國家，一些人都漸成爲唯一的工人階級，那便成了一切階級所倚賴的一個階級了。而且反對勞動者的階級人漸少了，政治上道德上的權力顯然的失落了。在實業中他們不僅成爲贅疣，而且常成爲有害的東西。

在這種情形之下，那一邊要得勝，這是無疑的了。好久的時候，有產的階級，都知道那個必至的運命爲之自危了。

但勞動家如最低的被剝奪階級，——下流的勞動家不能稱爲被剝奪者——不能像別的階級一樣，用他的力量把剝奪的負擔移到別的人身上。　他要滅絕他自身所受奪剝，亦要滅絕一切剝奪。　剝奪的根源，既由於生產工具的私有；勞動家要滅絕剝奪的事，不可不滅絕這種私有制度。　若勞動家的無產狀況，使他能打破私產制度；他所受的剝奪，亦一定要勉強他撲滅剝奪的事。　以協力的生產，代資本主義的生產。

　但一天商品生產仍佔主要地位，我們一天不能看見這些事的實現。　要想把協力的生產代資本主義的生產，那便絕對必須把爲民衆受民衆支配的生產，代爲市場的生產。　所以社會主義的生產，是勞動家勝利的結果。　若工人階級不能用他管理機械的主權，去引入社會主義的生產，事實自然的結果，亦必引出這種制度的實現。　不過要在多餘躊躇許多時力以後，纔能這樣罷了。　社會主義的生產，必然實現的，亦應當來的。　勞動家的勝利，是不可免的。　同時社會主義生產的勝利，亦是不可免的。　工人階級自然要求剝奪的撲滅，但這非倚靠社會主義的生產不可。

　所以無論甚麼地方，有獨立的工黨，他遲早總要顯現出來社會主義的傾向。　若起初不是社會主義的，結局亦必是社會主義的。

我們已經考察社會主義，主要的生力軍了，我們的結果，可以總結如下：工業的勞動家的軍隊，政治上自覺的軍團，供給在社會主義背後的權力。勞動家的勢力，影響於同類人羣的思想同感情的態度越大，那些人羣被引入這種運動的人便越多。

十一　勞工運動與社會主義

起初的時候，社會主義者很慢的認識作戰勞動家所用以爲社會主義運動的力量。在沒有作戰勞動家的時候，事實上自然是只有這個樣子。社會主義比勞動家的階級戰爭古遠些。大概自從第一次有勞動家時，已發生了；總距第一次勞動家對於倚賴的生活有些不安的時候不久，便有這種主義。他的第一個根苗，是上流社會的慈善家，對於窮困者的同情。早期的社會主義者，不過是這些慈善家中最勇敢最有眼光的人他們看清楚了勞動者的存在，是生產工具私有的自然結果。他便從這樣觀察，毫不疑惑的得個決定。那時的社會主義，是資本階級慈善家最深最偉大的表現。

那時的社會主義者，不爭甚麼階級利益。　他們不能不報酬上流社會的同情與熱心。他們所以求贊助的方法，只一面描寫個社會主義的共同生活，一面敍述出各處窮困人民的眞象，勸富人有力的人去出力普救這些窮困的人，建造一個理想社會。　但慈善性質的社會主義家，他想等這些貴人富人去發心救世，我們都看見了是個夢想無益的事。

在十九世紀最初十年中，勞動家起始有獨立生活的樣子了。　一八三〇年左右，有力的勞工運動，在英國法國便潛生暗長起來了。

但社會主義者不知道這，他們想得要窮而無知的勞動家得着爲實現社會主義計畫的道德升進，與社會權力，是做不到的事。　他們的感情不但不信任勞工運動；而且這種新現象奪了他們最有力的論據，他們並感得不便利。　資本階級的社會主義家，他所能望勝過有感覺的資本家的，唯一便是告訴他，在現在社會狀況之下，窮困的人想自己拯救，都是做不成的事。　所以勞動家靠自力永爬不起來。　但勞工運動所預定的，恰恰全然反對這個論據。又還有一件事，亦生一樣的結果，便是階級戰爭自然亦使資本家仇恨勞動家。　資本家的眼中，工人階級從需要幫助的可憐不幸的人，變成爲一羣應受降服撲滅的痞棍。從前社會主義第一個根苗，對於窮困者的同情心，漸衰壞了。社會主義的學說，到那些自危的資本家一方面，看得像一柄危險的刀，落到痞棍手裏，將發生說不出來的危險了。總之，工黨越强，社會主義越難傳播，於治者階級中。這些階級，越顯明成爲反對社會主義運動的人。只要一天社會主義者相信，要得到社會主義的目的物，必不可不求之於資本階級；那便他們不但要懷疑於勞工運動，而且要常取一種直接反對他的態度。結果，他們會認階級爭鬥爲社會主義的仇敵

這自然反應於勞工階級，使他們成爲社會主義的仇敵。那些熱心戰爭的勞動家，他只看見社會主義者反對他們社會主義的學說，推毀他們，結果他們便發生不信全部社會主義學說的事。這種感覺，在勞工運動初期，雖作戰的勞動家，亦因恐昧而表同情。他們眼光狹隘，使他們不易把住社會主義的目的，而且他們並不自覺他們經濟的位置，及加於他們階級的工作。他們只有一個寬泛的階級天性，使他們不信每件事都起源於資本階級的話。

在這種情形之中。 他們自然反對社會主義，與反對資本階級無論何種慈善組織一樣。

在有些工人團體中，特別是在英國，不信任社會主義，在那時更是利害。 一半因爲這的原因使英國到了最近，纔比較受稍名社會主義運動的影響。

但不管社會主義與作戰的勞動家中間生怎樣大的嫌隙；社會主義的哲學，這樣合宜於有思想勞動者的需要，只要有了機會，工人階級最有知識的人，究竟便會願意轉過來。 資本階級的社會主義家，屈服於勞動階級思想家勢力下面了。 這新起的勞動階級的社會主義家，他們不大管資本階級。 他們恨他，要打倒他。 在他們手裏，那個要靠上流階級好德性爲媒介去救世的和平社會主義，變成了靠勞動家手腕猛烈革命性質的社會主義。

便這種運動開始，必然爲勞動性質的，亦並不了解勞工運動的性質。 他仍反對最高方式的階級戰爭，便是說，政治戰爭。 在這種性質中，他的學說不能高過於烏托邦的空談，至多一個勞動家亦不過爲他自己得着一部分資本家世界的學問。 他沒有在資本階級思想家所能到的一點外，去獨立研究必需的時間。 所以最初工人階級的社會主義，都帶了一些烏托邦主義的色彩。　他沒有觀念講到正在建造社會主義生產的物質原料；而荒長時期戰爭正在訓練那些階級着重這種原料，從這發達出來，一種新社會的經濟進化。　早年的勞動階級社會主義家，與烏托邦說者一樣，都以社會是一種建築物。　只要有必需的地方與材料，便能照着預定的計畫自由的建造。　他們信他們自己有力量去建設，亦有力量去保存這個建築物。　至於論到建築物同地方他們不盼望從些富人貴人去討乞。　革命可以推翻舊房子，打倒他防禦的人，給這個發現，新法子的人一個機會去建設新建築物，—社會主義的共同生活。

由這樣的理論，沒有地方容得階級爭鬥。　勞動階級空談派他找着他的生活這樣病苦，他們急於要求即刻的改變。　即令他們想到了階級戰爭可以使資本家漸漸起來，使他們合宜於社會更遠的發達，這個步驟，他們還會嫌他太遲重太複雜了。　他們不信這漸次的升進。他們是勞工運動的前驅者。　那時候參與這運動的勞動團體少，這中間又只有更少的人眼光看到他暫時利益以外。　訓練大多數人，令他像社會主義樣想，似乎是無望之事。　這些人民最有望可做的，只是可以毀滅現制，爲社會主義驅除的猛烈破壞。　最初的社會主義家，想人民境遇越壞，他的貧困使他不可忍耐，他起來推翻壓迫他的社會組織，時間便越近了。工人階級逐漸升進的戰爭，不但是無望，而且還有害。因爲小改良成功了，恰恰只能延長他的暴動時間，延長了從貧困永遠解放的時間。每種階級戰爭，若不以即刻推翻現制爲目的的，那便是說極嚴重有力的努力；在早年社會主義者總認爲恰恰是人道之賊。這種觀察的法子，五十年前還是如此。最好的表現，大概在費得林書中。今天亦還有持此說的。每個工人階級的團體起初加入作戰的勞動家中，常現出這種傾向。每個地方勞動家第一次自覺他的墮落境遇，而接收了社會主義的觀念；然又未能同時對於社會法律有個明瞭的看察，對於用他的力量去進行這個長期的競爭，有個信心亦常現出這種傾向。因爲新加勞動團體，漸漸都從因經濟發達所擠下的深坑裏爬起來；這種最初社會主義的思想，常可以盼望他再現。這是一個兒童病，使每個初萌芽而未出於空談主義以外的社會主義運動，都受了他的威嚇。

現在這種社會主義的思想，稱爲無政府。但不必將他與無政府主義相聯。他並不起原於甚麽明晰的思想，只是起原於對現制天性的反對。所以他可以與各種不同的學理論點相聯。但最初勞動階級粗魯而猛烈的社會主義，確實有關係於小資本家文雅和平的無政府論。他們雖然有一大些不同，但有一件事是相同的便是恨那個長期的競爭，特別是恨那最高方式的政治戰爭。

勞動階級空談派不能比他先驅者有多些力量，能勝過社會主義，與勞工運動間的反對論調。其時亦實有些情形，使他不能不在階級戰爭中活動；但他看得社會主義與勞工運動的關係是太不合論理了。所以他的活動，結果每因勞工運動而丟了社會主義。我們都很知道古代無政府社會主義的活動，每遲早變成為純粹而簡單的技工聯合主義，或僅成一個協作共產主義。

十二　社會黨——勞工運動與社會主義的聯合

若社會主義勞工運動，有時要變為一件東西，那便社會主義必須提技到烏托邦的論調以上。這一件事，被馬克司昂格斯的有名工作完成了。他們一八四七年所刊共產黨宣言，給了現代社會主義一個科學的根據。他們把熱心黃金世界者的美夢，改成爲一個偉大熱烈戰爭的終點。他們證明這是經濟發達自然的結果。他們給那些作戰的勞動者他歷史上功用的明白觀念，放他在速率最快，犧牲最少，向那終點進行的一個位置中間。於是社會主義者再不出發現新而自由的社會制度；他們所必須做的，只是在現在社會中，發現那樣社會秩序的原素。他們再不去從上面求勞動者的解放，他們的責任只是擁護工人階級；鼓勵他的各種政治經濟機關，以常事爭戰。工人若能救他自己；必須盡力去促那得救日子的早到。

社會黨的功用，便是給勞動者階級戰爭一個最有力的方式。

馬克司昂格斯的學說，給勞動者階級戰爭一個完全新性質。當社會主義的生產不能顯然作爲戰爭的目的物，而作戰的勞動者，他所努力不能過於現在生產方法的範圍以外時；階級戰爭總像永遠跳不出一個圈套。因爲資本主義生產制度壓迫的傾向未除，至多只稍爲約束了他，中等階級的新團體，不斷的被擠入勞動階級。利潤的慾望，常令那些在分工中地位優勝的，怕他的成功得不着甚麼利益；每次工作時間的減少、都成爲引入節省工力的機械與加重工作的藉口。每次勞工組織的進步，便有資本組織的進步與他相應。失業者總是這樣加增，危機漸更嚴重，生活的不安定漸更成爲不可忍耐。由階級戰爭所引起的工人階級的升進，實爲道德性質的，不僅爲經濟性質的。勞動者工業的情形，便有些改進，改進得亦很遲緩。但勞動者自尊些了，社會別的階級亦尊視他些了。他們起首承認他們與上等階級平等，把他自己的境況與別的階級比較。他們對社會作大些的要求，要求有好穿的，好住的，大些的學問，兒童的教育。他們要能分享點近代文明的成功。他們對於每個反攻，每個新式的壓迫，感覺得極敏銳。

勞動者道德性質的升進，便是說他對社會要求的加增。這種要求的進步，比在現在剝奪制度之下必要的工作狀況，進步得快多了。所以階級戰爭的結果，不能做甚麼，僅加增了勞動者的不知足。所以若非放眼看到現在生產制度以外去，階級戰爭似乎是無目的的希望。

只有社會主義的生產，能把工人的要求，與滿足這要求的工具二者間的不平等，告個終結。把剝奪制度除了，剝奪者旣不能奢侈，被剝奪者亦自無自然的不知足之事。把富人享用的生活標準除去了，工人的需要自然只能以手中工具所能滿足的爲標準。我們已經看見社會主義的生產方法，能加增這些工具。

永久的不知足，這不是共產社會所有的事。在我們資本主義的世界，被剝奪者因想他自已與剝奪者平等，那階級的分別，自然引出這些怪現象。所以只要一天勞動者的階級戰爭，是反對社會主義，他所做的只是在現在社會搆造之內去改進勞動者的地位，那便一天不能達到終點。但社會主義與勞工運動一合攏來，便情形大變了。現在勞動者已有了他戰爭的終點。每一爭戰，便近了終點幾步。現在一切階級戰爭，都有個意思；卽那些不能產生直接實效的，亦是這樣。每個保持或加增勞動者自覺或協力秩序的精神，所用的力量，都有他的價值。

好多顯明的失敗，都變成了勝利。每個失敗的罷工或工律，都是去得着人類有價值生活的一步。每個關於勞動者政治或實業的計核，都有個好效果。不管他們這樣做是友意的與否，都一樣能激起工人階級。 從今以往，作戰的勞動家，再不是苦戰以保持已經得着的地位的軍隊；他現在顯明了使那些最不會觀察的人、亦要知道他是不可抵抗的得勝者。

十三　國際性質的社會主義運動

近代社會主義的創造者，從始便認承了勞工運動各處所取的國際性質。 所以他們自然要給他們的運動一個國際的色彩。

國際商業，是與資本主義生產制度不可避免的相連的事。 資本主義從早期簡單商品生產發達起來，與世界商業的生產有密切的關係。 但世界商業非各國間有平和的交通，便做不到那需要外國商人受本國商人一樣的保護。

國際商業的發達，使商人在我們的社會，佔很高的位置。 他的觀察事物的方法，起首影響於全社會。 但商人總是個無定處的人。 他的格言，是我的生意那裏好，我便那裏住。 所以以世界商業資本主義生產為比例，資本階級的社會，發達了個國際的傾向，然而資本主義生產制度亦發達了個最顯著的矛盾現象。 與這種國際友愛的運動手牽手的，亦着過了國際的紛歧。　商業需要平和，但競爭又引得戰爭。　在每個國家中，既每個資本家每個階級是在戰爭狀況中、那便各國的資本階級，亦無怪其在戰爭狀況中。　每個國家盡力去爲他自己商品擴張市場、把別國的貨物排擠出去。　國際商業更複雜，國際和平更重要。　競爭的爭戰越凶猛，國家間衝突的危險越大。　國際關係發達得愈密切，注意去區分國家利益的需要越很。　平和的需要越懇切，戰爭的危險越大。　這些顯明的矛盾現象，恰恰適應於資本主義生產的性質。　他們原便潛伏於簡單的商品生產之中；但只有資本主義的生產，把他們發達出來，成爲不可忍耐。　他同時發達了平和的必要，而又發達了戰爭的傾向。　這不過是將引起資本制度毀滅的矛盾現象之一種。

勞動者對於這些事亦並不便取與別種階級不一致的態度。　勞動階級越發達而成爲獨立，越可顯見他只受我們上面所說資本制度中一種反對趨向所影響。　資本制度剝奪工人，使他失了田園，他亦沒有一定的屋所以沒有國家。　像商人一樣，他亦可以說，那裏好便住那裏。　即中世學徒，亦常旅行到外國去。　結果便起始了一個國際關係。　但這種旅行以比於現在可能的旅行方法，是如何分別？ 學徒的旅行，還想回家；今天勞動者偕着妻子家庭旅行，找着最好的地方，便住起來。 這更不是旅行者，這只是浪漫生活者了。

到外國去的商人，若求競爭的有成功，必不可不倚靠他政府的幫助他。 他贊助他的國家；而且在危難之中，他常爲很出力的人。 但勞動者則不然。 在家裏的時候，他既不曾沾了政府保護他的利益的光；到外國，至少若到的是文明國家。他亦無取與要人保護。 而且他選的新地方，常是在法律上政治上對工人較他本土更好些的。 他的共同工作的人，沒有甚麼心去剝奪他，那與剝奪者競爭法律上所能得的一點保護他的利益；甯在加增他的能力，以共同抵禦他們的公敵。

近代勞動家脫離鄉土，有與學徒商人很不同的。 他成了世界的市民，全世界是他的家。

自然這種世界公民權，爲在那些生活程度高而工作情形較好的地方的工人，是個困難的事， 在這種國家中，自然移殖進來的人，比移殖出去的人多。 生活程度高的工人，在階級戰爭中，被生活程度低而抵抗力的人流入，要受許多不良障礙。

在某種情形之下，這種競爭像資本家的競爭一樣，能召起國界的新見解，本土的人！對於外國工人的新仇恨。 但國家的競爭，在資本家是永久的，在勞動家，只是暫時之事。因爲遲早工人將發現廉價工力，從較退步國家輸入較進步的國家，是如機械的引入，女子的被迫人工廠一樣，資本制度不可免的結果。

還有一種較進步的國家的勞工運動，受了別國較退步生活狀況之害的。 經濟未發達的國家，勞動家能忍受高度的剝奪，須亦，成了較發達國家資本家的口實，用以反對加增工錢，改良待遇的各種運動。

每個國家的工人，他在階級戰爭上的成功，有許多途徑，是靠着別國工人階級的進步。固然有時亦使他們反對外國工人，但是他們究竟會看出來，只有一個有效的法子，能除去這種退化國家的影響。 便把是這種退化除去了他。 德國的工人有各種理由去與斯拉夫意大利人協力，使他們都得加增工錢，縮短工作時間。 英國工人有關於德國工人同樣利益，美國工人有關於全歐工人同樣利益。

一個地方的勞動者，倚賴別個地方的勞動者，不可免的引起各地作戰勞動者力量的結合。

國家的相外相恨、勞動家從資本家沿襲下來的，不久便消失了。 工人階級漸能自免於國家的偏見。 工人一天天知道外國的勞工，是戰爭的同志，是伴夥。

國際結合最強的束縛，自然是那些把勞動家團體束縛起來的。 這些勞動家，雖則是各國的人，但有同樣目的，用同樣方法去完成他。

勞動者階級戰爭的目的與力量，擴張到一定範圍以外，他們如何必要一個國際的聯合，從最初共產黨宣言的著作者，便把這看清了。 這個歷史的文牘，是發表與各國勞動者、而且結尾是喚他們聯合起來的。 他們用以承受這宣言原理的組織，他們所取的名字，便是萬國共產者的會社。

一八四八年與一八四九年革命運動的失敗，使這個會社停止。 一八六〇年之頃，勞工運動的蘇醒，他又復活成爲萬國工人聯合會（一八六四年成立）這個聯合會的目的，不僅喚起各國勞動者結合的感情，而且使他們有個共同目的，用一個共同途徑，引他到那裏去。第一個目的是光榮的達到了，第二個目的却只達到一半。這個聯合會引起各地社會主義與作戰勞的動者聯合。他宣布工人的解放，只能靠工人自己完成。政治運動，只是達到這目的的一個方法。若勞動者要倚賴生產工具專利的人，他總不能解放他自己。在這聯合會之中，他們越看清了這要引他們到近代社會主義上去，便越起了一些反對。在那時候，這裏面還有較多資本家及勞動家的烏托邦派。這些人與那些純粹而簡單的聯合者，他明白這聯合會的目的，便會出這個聯合會。一八七一年，巴黎共產團的失敗，以及歐洲各國的紛擾，都促成他的失敗。

但是已經萌芽的國際結合的意識，再不能悶死了。

自從那個時候以來，共產黨宣言的思想，已深入歐洲作戰的勞動者，及歐洲以外許多勞動團體的心中。各地階級戰爭，與社會主義的運動，都變成了一個事體，或亦顯然是像向那裏去。　勞動者階級戰爭的原理，目的，方法，各地都漸歸一致。　他自身便已足夠爲各國社會主義的勞工運動生一種聯合的感情。　他們的國際自覺心，一天天强大了；他只須外界的動力，便可給一個顯明的表現。

這是許多人知道的，在撲攻巴斯地百年紀念舉行的時候，一八八九年舉行了巴黎國際會議。　從那時候，勞動者戰爭的國際性質，五一勞動節紀念中，是個顯然的記號。　又加以有定時間發生的國際會議，這國際色彩越重了。　這些會議。不是像資本家的和平會議，由各地熱心者組織成功；他是由幾百萬男女工的代表組成。　每次勞動節用最令人注意的態度顯現出來。　這使各文明國人口中心的實業工人全體自身，感覺得勞動者國際聯合的自覺，反對戰爭；宣布國界再不是人民間的畛域，只是剝奪者間的畛域。

這樣個國際間嫌隙的橋梁，這樣個各地大部分人民國際的化合，都是歷史上以前沒有的事。　我們若想起他是在武裝作戰的影子下實現出來，這一種戰爭世界上以前亦沒有見過彷彿類似的事，我們便會覺得這現象更可注意了。

十四　社會黨與人民

社會主義的運動，從始便有國際的性質。　但他同時在每個國家中，亦有變成國民黨的趨向。　那便是說，他不僅將成爲工廠賺工錢者的代表，將成爲一切勞工受剝奪者階級的代表。　換句話說，便是人民大多數的代表。　我們已經說過工廠的勞動家，容易變成唯一的工人階級。　我們亦說過別的工人階級，在工作狀況生活方法方面，容易變得與那種勞動家一樣。　我們亦看出來勞動階級是工人階級中惟一的能力知識逐漸增進，目的逐漸認清的。他逐漸成爲中心，別的工人階級消滅時，大家都向這裏聚集起來。　他的感覺思想的方法，漸成爲非資本家任何階級的全體的標準。

賺工錢的人，若變成了人民的領袖，那便工黨成了人民的黨。　當獨立的工人會像資本家一樣感覺，他看清了他或者總有些他的子孫遲早會丟入勞動界，除了解放勞動者沒有自救的方法時；他從那時後便會認社會黨是他的利益自然的代表了。

我們已經講的社會主義的勝利，他沒甚麼怕。　實在這個勝利，還明明白白是他的利益。因爲他會促進社會，使一切工人脫免剝奪與壓迫，使他們得着平安與勝利。

但社會黨，不僅在將來代表一切非資本階級，而且在現在亦是這樣。 勞動家因是最低層被剝奪者，他非使一切剝奪壓迫完全消滅，不能自己免於剝奪壓迫，所以無論是怎樣方式的剝奪壓迫，勞動家總認他是仇讎，他們總是一切剝奪壓迫的錦標。

我們上面說了國際聯合會。 可以注意的，他的成立，是由於贊成波蘭人反對俄皇覊絆的示威；而這聯合會第一個文件，便是這個工人很誠摯同情的慶賀林肯總統釋奴運動。 還有一層，這聯合會是第一次存在於英國的組織，那中間第一次有許多英國人贊助被英國治者階級壓迫的愛爾蘭人。 爲波蘭人，爲愛爾蘭人，爲非洲黑奴，沒有一件事是直接連帶於賺工錢人階級利益的。

實在我們被告訴，社會主義的運動，要靠經濟發達的進步。 社會主義的生產，要靠儘早的小實業被排擠而消滅。 所以有些人想社會主義，利在獨立工人小商人小農人的消滅。他是利在他們的消滅，自然不能爲他們的利益做事。

解決這個問題，可以說下面些話：社會主義運動，不能建造經濟發達。小實業的被排擠而消滅，雖沒有資本階級的幫助，自己亦會實現。自然社會主義沒理由去妨礙這個發達；而且停止了經濟發達，並不是小農人小商人的眞利益。因爲凡向這目的做的，必然無效果，或者還會發生直接傷害。對於獨立工人農人提議些方法，使他們的小事業再能得些利益，這並不能是他們甚麼好事；惟一的結果，只是喚起了永不能實現的幻象而已。

而且雖小生產制的崩壞，是不可免的。但這種崩壞，並非必須伴着常常連帶而生的可怕景況。我們已經看見小生產制的消滅；這只是一曲長戲最末的一幕。以前幾幕，盡是小生產者痛苦的墮落；但社會主義運動，從這種墮落中間。並得不着一點好處。他的好處，恰在反面，勞動家所得生力軍團體越墮落，他越不易使這種生力軍願意而且能夠加入作戰勞動者的隊伍。然而勞動家軍隊越大，社會主義運動的範圍效力越大。農人與獨立工人，對於社會需要越少。在他成爲勞動者時，他越習於做無休止的工作，他越不能有稍大的抵抗力。在某種程度中，那引起工人國際結合的原因，亦引起了勞動者生力軍各階級的結合。

自然若正墮落的農人與小商人，他想尅損工人階級！以自已免於陷溺，如他盡力去減少工銀，妨害結合那樣；他總會受勞動家與社會黨的反對。　但若無害於工人階級的地方，社會主義運動當用全力去擁護那些能增進農人小商人生活狀況的計畫。

這件事顯然在各國社會黨對他政府所提直接要求中，可以看出。　有些要求的性質，純然是工業的專用以保障賺工錢人的安定；但一大部分是關於勞動者與別的勞工團體公共的利益，如改良所得稅，動議權，決議權；印刷言論自由權，法官選舉權等要求，都是這個性質。

這些要求中，有些亦爲資本階級政黨所倡導。　有些性質上只能爲反對資本主義的團體，所進行。　沒有資本階級的政黨，肯爲這些要求，像社會黨用一樣的力量奮鬥。　因爲社會黨是眞以解除資本階級負擔，教育他的兒童，升進他各方面生活爲利益的惟一團體。

社會黨所提議的唯一的方法，是求在現在制度之下，盡其所能的改進小生產者的位置。

要維持他們做生產者，而以失了時效的生產方法為保障，那是不可能的事。因為那是違反了經濟發達的軌道。使資本家增多到很多的人數，亦是不可能的。他們只好做消費者，要別人幫助。但是這些待小生產者最好的政黨，最使他們自己以消費者的資格重累這些小生產者。這些重累是真的，那些假設與之相隨的小生產制的升進，不過是虛偽假冒而已。

幫助小生產者去做消費者，不但不妨礙工業的發達，而且還能促進他小農人小資本家在做消費者方面地位越好，他的生活程度越高，他身心的需要越大，他將更不去做反對大生產的競爭。若他習慣了好生活，他將反對長時期競爭中有時發生剝奪的事。他將甯願與勞動家攜手，他將不復與他從前聯合了的他自已階級中最屈服的人聯合，將直接入有計畫作戰的勞動者隊伍，以促成勞動者的得勝。

這個得勝，不是許多人相信由屈服得來的。既不由於勞動者的屈服，亦不由於小生產者的屈服。社會主義從各方面有許多理由反對屈服，而且他盡力的反對。所以加大社會主義的力量，不僅是賺工錢人的利益，亦是要靠做工而不能靠剝奪過生活的各部分人的幸福。

自從近世國家開始，小商人與農人從未能站在一個地位保守他自已的利益，以反對別種階級的利益。今天他更不能這樣做了。他們若有爭戰，必須去與一個或更多別的階級聯合起來。由產業私有所生的天性，使他們入了資本主義政黨的軍隊，那便是說他們要聯合到大產業主各種團體的一個上面。資本主義政黨，亦願有這種聯合；一半因為選舉的投票，一半還有別的更深理由。他們知道今天小生產者的私產，是私產大概原理最强的擁護人。亦便是全剝奪制度最强的擁護人。他們不管小生產者的利益；他們不久還會覺得他是消費者、是他們的負累。他的小經營，既完全消滅了，而他仍存留為有產者；那便他幾時崩壞，於人家沒有關係。同時一切資本階級的政黨！以資本主義的剝奪為利，所以亦便以經濟發達的進步為利。實在他們願意保存農人與獨立工人，但事實使他力量所能做的，每件事都是擴張大生產制的領域，所以仍是壓迫了各種形式的小生產者。

中華民國十年一月初版
（新青年叢書第八種）
階級爭鬥
定價大洋五角
著者　德國柯祖基
譯者　惲代英
出版者　新青年社　上海法大馬路大自鳴鐘對門
印刷者　華豐印刷所　上海英租界浙江路三十號